崩れゆく世界 生き延びる知恵

国家と権力のウソに騙されない 21世紀の読み解き方

副島隆彦 Takahiko Soejima × 佐藤 優 Masaru Sato

日本文芸社

はじめに――激変する国際秩序の構造

2015年に入って、国際秩序の構造が急速に変化している。

まず、指摘できるのが1月7日、フランスで起きた連続テロ事件だ。これは今までのテロ事件とは位相《いそう》を異にする。イスラム教スンニ派系過激派「イスラム国」（IS）が、全世界に対して、世界イスラム革命の開始を宣言したのだ。

この人たちは、アッラー（神）は、1つなので、それに対応して、地上においても唯一のシャリーア（イスラム法）が適用される単一のカリフ帝国が建設されるべきであるとする。この目的を実現するためには、暴力やテロに訴えることも躊躇《ちゅうちょ》しない。

歴史は反復する。しかし、まったく同じ形で繰り返されることはない。

こういうときに重要なのは、アナロジー（analogy、類比）を適用することだ。アナロジーとは、論理（logos）に即して物事を考察するということだ。

約100年前にもイスラム国によく似た運動があった。国際共産主義運動だ。

１９１７年11月（露暦10月）にロシアで社会主義革命が起きた。この革命は、マルクス主義に基づいてなされた。

マルクスは、「プロレタリアート（労働者階級）に祖国はない」と言った。国家を廃絶し、プロレタリアートによる単一の共産主義社会を形成するのがマルクス主義の目標だった。マルクスは、社会主義革命は進んだ資本主義国で起きると考えた。

しかし、実際に革命が起きたのは後発資本主義国のロシア帝国においてだった。ロシア革命に続いてドイツとハンガリーで革命が起きたが、当局によって直ちに鎮圧されてしまった。そこで、ロシアの共産主義者は、独自の戦略を考えた。

ソビエト・ロシア国家（１９２２年からはソ連）は、国際法を遵守《じゅんしゅ》し、他の資本主義諸国と安定した関係を構築する。

他方、１９１９年にコミンテルン（共産主義インターナショナル、国際共産党）を結成し、資本主義体制を転覆し、世界革命を実現するというシナリオだ。

コミンテルンは本部をモスクワに置いたが、ソ連とは無関係とされた。コミンテルンの公用語は、ロシア語ではなく、ドイツ語だった。

各国の共産党は、国際共産党の支部と位置づけられた。日本共産党は、国際共産党日本支部だったのである。

当初、レーニンやトロツキーは、コミンテルンを通じて本気で世界革命を起こそうとしていた。

しかし、1930年代にスターリンが権力を掌握すると、世界革命の実現よりも、ソ連国家の強化に力を入れる一国社会主義路線を取るようになった。

それでも、資本主義諸国に「弱い環」ができるとソ連は、革命の輸出を試みた。キューバ、南イエメン、アンゴラなどがソ連型社会主義体制を目指すようになったのがその例だ。

1991年12月のソ連崩壊によって、資本主義陣営 対 社会主義陣営というブロック間対立の時代は終わった。

その後、世界はグローバル化し、アメリカの一極支配による新自由主義が席捲《せっけん》した。

しかし、アメリカの勝利は一時的なものだった。

アメリカが危機に陥ることをいち早く予測したのが、本書の共著者である副島隆彦《そえじまたかひこ》氏だ。副島氏が、2009年9月のリーマン・ショックを半年も前に予測した。この時点でリーマン・ブラザーズという固有名詞をあげて、アメリカの金融危機が到来することを予測したのは（私が知る範囲では）、副島氏だけだ。

副島氏は、黒人の血を引くオバマ氏が大統領になることも早くから予測していた。

ユダヤ教、キリスト教には、預言者という人たちがいる。

ところで、日本語の発音が同じなので、預言者と予言者がよく混同される。予言者は、未来を予測する人であるのにすぎないのに対して、預言者は、神から預かった言葉を人びとに伝える人だ。

その中に、未来予測も含まれるが、預言者のメッセージの中心となるのは、「崩れゆく世界の現実を見よ」との警鐘だ。

イスラム国に対抗するために、アメリカのオバマ政権はイランと手を組もうとしている。

イスラム国には、内ゲバ体質があり、アメリカ、イスラエル、西欧などの非イスラム諸国を打倒する前に、イスラムを騙《かた》る反革命であるシーア派（特に十二イマーム派のイラン）を殲滅《せんめつ》しなくてはならないと考えている。それだから、イランにとって、イスラム国を封じ込めることが死活的に重要な課題になっている。

アメリカは「敵の敵は味方である」という単純な論理でイランと手を握ろうとしている。

そして、今年4月5日、米英仏露中独とイランの間で、イランの核問題に関する枠組みの合意がなされたが、これは将来、イランが核兵器を保有することを認める危険な合意だ。イランが核を持てば、まず、パキスタンにある核兵器がサウジアラビアに移転し、他のアラブ諸国もパキスタンから核を購入するか、自力で核開発を行ない、核不拡散体制が崩壊する。世界は実際に崩れ始めているのだ。

もっとも、「ひどい状況だ」と言って嘆いているだけでは、われわれは生き延びることができない。反知性主義の上であぐらをかいている安倍政権に期待しても無駄であることには多くの人びとが気づいている。

生き延びるためにわれわれがしなくてはならないのは、一人ひとりが力を付け、「人間の隣には人間がいる」ということを信じて、社会の力を強化することだ。

その点でも、リバータリアンの副島氏から生き延びる知恵について学ぶべきことがたくさんある。

2015年4月26日、沖縄県名護市にて

佐藤　優

『崩れゆく世界　生き延びる知恵』　もくじ

戦争に突き進んでいく安倍政権

安倍独裁政権に歯止めをかけられるか　68

第2章

世界革命を目指すイスラム国の脅威

勃発するテロリズムとアンチセミティズム

第3章 ウクライナ政変で見えてきた世界大戦の予兆

大国ロシアと回廊国家ウクライナの命運

第4章 オバマとヒラリーの激闘から読む世界の明暗

アメリカの思想対立でわかる国際情勢の明日

第5章
行き詰まる日本経済——余剰の時代の生き延び方
ピケティ、マルクス、ケインズの思想と倒錯する経済政策

第1章
安倍“暴走”内閣で窮地に立つ日本
反知性主義で突き進む独裁政権の正体

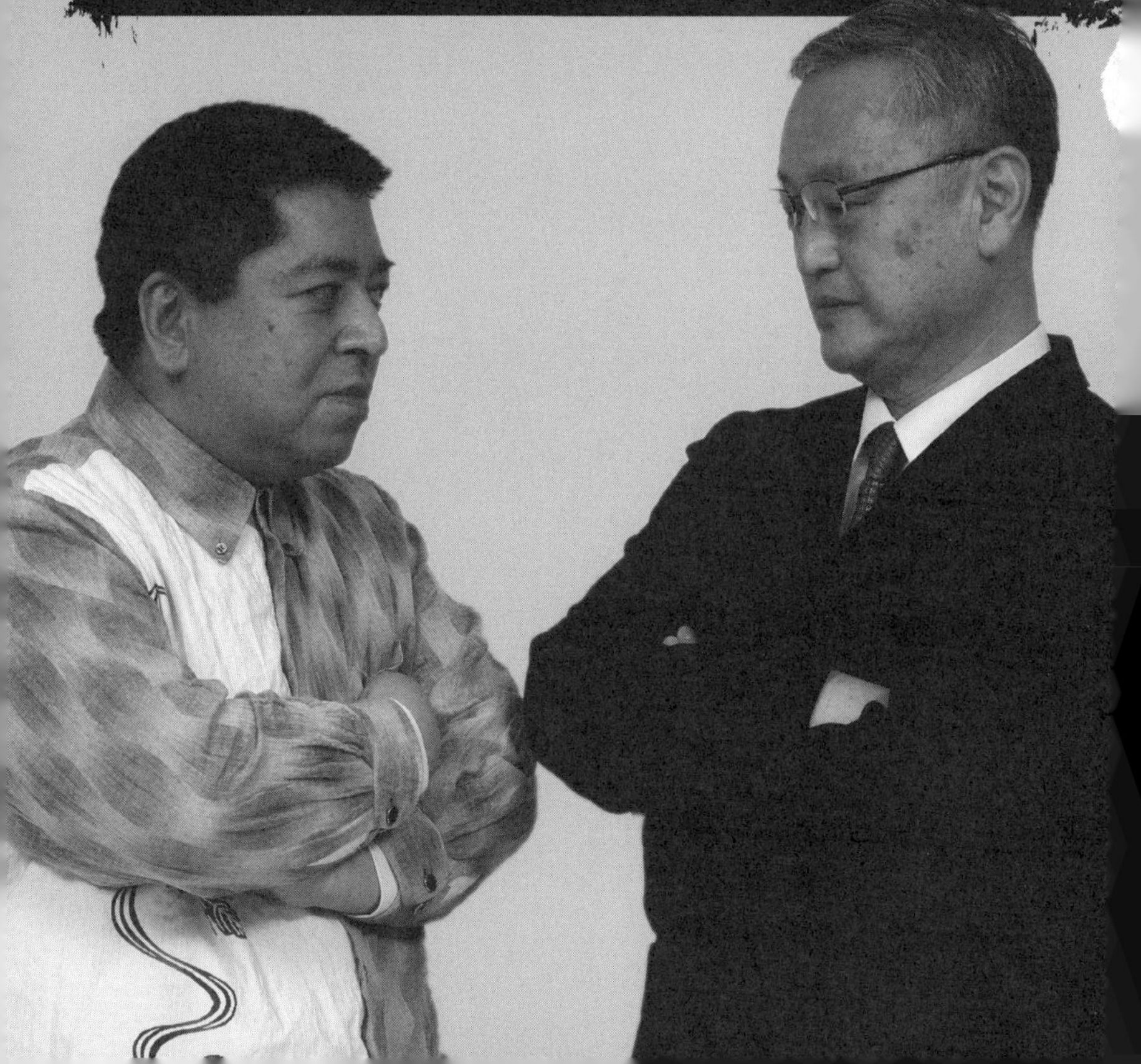

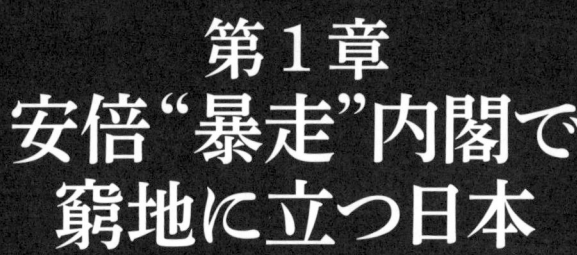

官邸主導で暴走する安倍政権の危うさ

小沢一郎勢力はボロボロに崩されて日本は翼賛体制へ

副島　私は、佐藤さんが、今の日本の真ん中にいると思います。右《みぎ》（保守）か左《ひだり》（リベラル）か、ではなくて、右でもありかつ左でもある。このことが素晴らしいことだと思う。

佐藤　ありがとうございます。

副島　佐藤さんは、ご自分のことを改革派の保守主義だと名乗っておられる。あれはいい言葉ですね。

佐藤　自由主義的な保守主義ですね。

副島　改革する保守主義だ。そこは非常に大事なところです。佐藤さんとは、民主党の鳩山政権が打倒された直後に『小沢革命政権で日本を救え』（2010年　日本文芸社刊）という本を出しました。

私は、鳩山政権の次には、小沢政権もあり得ると能天気に考えていました。ところが、あのとき、アメリカが仕掛けた「反小沢クーデター」は致命傷でした。

小沢一郎は、このあと9月の民主党代表選で、菅直人《かんなおと》に負けた。ムサシという会社が集計開票に関わっていました。あれはインチキ選挙だったと私は思っています。不正開票まであった。

小沢一郎が民主党の代表選に負けてから、小沢一郎の勢力はボロボロに崩されてしまいました。その後、菅直人や野田佳彦《のだよしひこ》みたいな変なのが出てきて、アメリカの言いなりになって、消費税の増税まで決めてしまいました。

現在の日本は、安倍晋三《あべしんぞう》による、「官邸主導」という名の独裁政治であり、自民党の翼賛《よくさん》体制が続いています。不愉快極まりない状況です。

佐藤　２０１４年12月の衆議院選挙に関していえば、獲得議席から考えたら、自民党が勝ったというのは間違いです。前回の選挙から議席を２つ減らしていますから、せいぜい横ばいです。

副島　投票率は、52・６６％。とんでもなく低い数字です。国民が政治にソッポを向いたのです。

佐藤　投票率があそこまで低いと、組織選挙が有利になります。創価学会、連合、共産党という、組織票があるこの３つの団体が競争をして、その中で創価学会がいちばん強かったというだけの話です。前回の選挙は、それ以上でも、それ以下でもありません。珍しいことは何もないです。

流れが違ったのは沖縄県と北海道だけでした。沖縄県では自民党系が全滅しました。それは地場の保守が生まれているからです。

副島　ただ、自民党系は比例で全員復活しています。

佐藤　そうです。しかし比例で全員復活しているとはいえ、母体が違いますからね。比例区の九州7県＋沖縄県の代表と、小選挙区の沖縄県だけの代表ということでは、意味合いが違います。

比例復活した人たちは沖縄県の代表とは言えないでしょう。ただし東京の中央政府はそういうふうにみなさないと思います。自民党の比例復活した人の声が沖縄県の民意だという情報操作をするのでしょう。

北海道や東京都の比例代表は、北海道、東京都という単位から出ている。それだから、北海道の代表、東京都の代表とみなすことができる。ところが埼玉県で選挙に落ちて、それで比例で復活した人は、北関東の代表ではあっても、埼玉県の代表とは言えないのです。

自民党の選挙コピーは全体主義国のスローガン

佐藤　前回の選挙で、私はあらためて安倍さんはイカれていると思いました。それは、選挙が終わったあと、開票速報のテレビ番組での池上彰《いけがみあきら》さんとのやりとりを見たからです。池上さんは「集団的自衛権の話をしていないのではないですか？」と首相に問いました。すると安倍さんは、カーッとなって「それは何度も言っている」とか、「憲法改正についても公約に書いてある」と反論しました。

公約に書いてある、と言っても、選挙公約に細かい字でいろいろ書いてあるだけですからね。そんなものでは国民が議論したことにはなりません。

それから自民党の選挙ポスターのコピーは、「景気回復、この道しかない」というものでした。「この道しかない」というのは、1988年のソビエト連邦のゴルバチョフ政権のスローガンと同じなのです。

ソ連時代、ペレストロイカがうまくいかなくなったときに、「この道しかない」という言葉をゴルバチョフ政権が考えて、マスコミにわめきたてたのです。1年ぐらい、「この道しかない」とキャンペーンを張りましたが、全然効果はなく、最終的に、その3年後にソ連は崩壊しました。

そもそも「この道しかない」などという言葉は、民主主義国のスローガンとしてあり得ません。「ダメなものはダメ」なら、まだあり得ます。いくつかの選択肢のうちで、やはり、やってはいけないことはあるということですから。

しかし「この道しかない」は、それ以外の選択肢はないということになります。これではまるで全体主義国です。

副島　これからの日本は、金融政策（異次元の量的緩和《かんわ》。即ちジャブジャブマネー）を中心に統制経済をもっともっとやって、全体主義《トータリテリアニズム》への道を歩むでしょう。

アメリカは安倍政権をヘンな右翼集団と見抜いている

佐藤　安倍政権に対してアメリカはどういう見方をしているのでしょうか？　ちょっと頭が悪い政権だから、アメリカも相手をしにくいのではないですか。

副島　そうですね。オバマ政権はあきらかに安倍を嫌っています。ヘンな右翼集団だとはっきりと見抜いています。そして大きくは、アメリカが日本を引きずり回している。アメリカの指導のもとに、安倍たちに国家経営をやらせている。

大きいところでいえば、日本に対しては、「もっとお金を貢《みつ》げ。米国債を買え。アメリカの主要な株式も買え」ということでしょう。あとはアメリカの兵器をもっと買わせる、ということでしょう。たとえばＴＨＡＡＤ《サード》（終末高高度防衛ミサイル Terminal High Altitude Area Defense missile）というミサイル防衛網も、もっと売りつけたいのでしょう。

アメリカにしてみれば、日本からはお金を取れればいい。米国債を日本が大量に（おそらく８００兆円ぐらい）買う形にして、いちおうは、資金の貸し借り関係になっていますが、本当はタダでお金を貢いでいるのです。

佐藤　米国債は売れないですからね。

副島　売れません。売らせてくれません。

佐藤　素人が先物で小豆とかタングステンとかを買ったときと一緒ですね。先物を売りたいといっても、売らせてくれません。それと同じです。

副島　そうですね。差金《さきん》決済しかできない（注：現物の受け渡しを行なわずに、売りと買いの差額の授受で決済すること。たとえば10万円で買った株を同日に11万円で売る場合に、実際の10万円の入金をせずに、差額の1万円だけを受け取ることで済ませる）。商品先物《コモディティ・フューチャー》の差金決済ならまだいい。米国債の場合は、売れないですから。

日本の大銀行の資金運用の人たちは、みんなこの事実を知っています。「米国債は売りません」という誓約書を入れている。米国債は売れない、と一札入れてあるのです。
毎年30兆円ぐらいずつ、日本はアメリカ様《さま》に貢いでいます。このカネはまず、アメリカの連邦政府の公務員たちへの給料の支払いに充てられています。それと、軍人たちへの給料です。

佐藤　言ってみれば、クレジットカードのリボ払いで、アメリカがどんどん使ったカネの支払いの請求書が、日本のわれわれのところに回ってくるわけですね。いったん、他人のカネで暮らすことを覚えると、元に戻れなくなる。

副島　アメリカ帝国というのは、すでにそういう国になっています。

佐藤　この事実を、どういうふうにしてごまかすか。その新しい仕組みをつくった人間が、ノーベル経済学賞をもらえるのでしょう。

副島　事実、ノーベル経済学賞というのは、そういうワルい理屈を考え出す者たちに順番にあげているようです。それを高級な確率微分方程式の数式だらけの論文にするので、みんな訳がわかりません。
今年で、敗戦後70年です。戦争で負けるということは、「負けた。終わった」で終わりにはならないのです。敗戦国はそのあとずっと戦勝国にお金を支払い続けなければならない。

佐藤　次に勝つまで払い続けるのが敗戦国ですからね。

2014年〝突然選挙〟の黒幕は米財務長官

副島　2014年末の〝突然選挙〟を、私が一所懸命調べたら、どうもジェイコブ・ルー米財務長官がやらせたのではないかという説が出ています。FRB（米連邦準備制度理事会）議長であるジャネット・イエレンというおばさんなんかよりも、ルーのほうがずっと力がある。

ルーの親分がロバート・ルービンという元の財務長官です。彼はゴールドマン・サックスの共同会長をしていました。デイヴィッド・ロックフェラーの直接の家来（直臣《じきしん》）です。

佐藤　イエレンは見せかけだけのFRB議長で、本当はルー財務長官のほうが悪いヤツだと、副島さんは、『金融市場を操られる絶望国家・日本』（2014年　徳間書店刊）で書いておられましたね。

副島　そうです。だから、あの年末の選挙は、ジェイコブ・ルーがやらせたのです。ジェイコブ・ルーがG20《ジー・トゥエンティー》で消費税の見送りをやれ、と9月21日から言い出している。それで、10月中に命令、指令を日本に出したようです。

安倍首相は「7《しち》－9《く》」という言葉を国会の答弁で何度も使っていました。でも彼は、滑《かっ》舌《ぜつ》が悪いから「シチ」が聞き取れない。「チチク」に聞こえました。

「7－9」とは「7－9月のGDP成長率の速報」のことです。これが何と遅れに遅れて、11月17日に発表された。

この数字が悪かった（実質GDP、年率マイナス1・6％、1次速報）ことを理由に増税を延期したのです。その責任を取って安倍はこのとき退陣すべきだった。

ところが、その前にジェイコブ・ルーが、「日本はこんなに経済が縮小している。ここで増税したら、もっと悪い影響が世界に及ぶ」と、はっきり言い出した。アメリカやIMF専務理事のクリスティーヌ・ラガルドが、消費税を「上げろ、上げろ」と言っておきながら。

つまり彼らはもう9月の段階で日本の「7－9」の数字を握っていた。これ以上、増税をやったら、打撃がアメリカにまで来る。だからやめさせた、ということです。それが11月17日の増税延期発表でした。こんなゴチャマゼの、メチャクチャな取り扱いを日本国民は受けている。

そしてこの翌日の11月18日から、急に選挙になると言われ始めました。

竹中平蔵が中小企業100万社を潰す

副島　解散総選挙の前の2014年11月1、2日に、「富士山会合　The Mount Fuji Dialog」というのが箱根のホテル「ザ・プリンス箱根」でありました。ここには日本の大企業の社長たちが総結集していた。

この会合については日本経済新聞しか報じていません。日経新聞・CSIS（米戦略国際問題研究所）主催だから、ほかのメディアは報道しなかった。日経新聞の記事は次の通りです。

「日米、TPP妥結で貿易の国際標準を　富士山会合」

日米の政府関係者、経営者、専門家が国際関係や安全保障について対話する第1回年次大会「富士山会合」（日本経済研究センター、日本国際問題研究所共催）が1日、神奈川県箱根町のホテルで始まった。環太平洋経済連携協定（TPP）の交渉早期妥結によって日米が通商分野における国際標準づくりを主導すべきだとの意見が相次いだ。

「アベノミクスとTPP」と題するパネル討論では、カート・トン米国務省経済局筆頭副次官補は「早期妥結が重要。経済的な効果に加え、地域のルールづくりにもプラスになる」と強調した。高田創・みずほ総合研究所チーフエコノミストは「アジア太平洋の主要プレーヤーとして、日米が自由貿易や知財保護の高い水準を示すことができる」と述べ、TPPが2国間協力の中核と位置づけた。

日米間では農産品などの市場開放を巡る交渉が難航している。米戦略国際問題研究所（CSIS）のマシュー・グッドマン政治経済部長は北京で開かれるアジア太平洋経済協力会議（APEC）首脳会議を前に「合意の可能性は高まっている」との見通しを示した。

アベノミクスの3本目の矢である成長戦略を巡っては、モルガン・スタンレー・ホールディングスのジョナサン・キンドレッド社長が「労働市場の改革を世界中の投資家が注目している」と言及した。

竹中平蔵・慶応大学教授は将来にわたる日米関係の発展・維持に向けて留学などを通じた「知的交流が経済や外交のすべての基礎となる」と指摘した。会合は2日まで開かれる。

（2014年11月1日付　日本経済新聞）

副島　私の弟子の中田安彦《なかたやすひこ》君がこの会合に鋭く着眼した。これは新しい三極委員会（トライラテラル・コミッション）だと指摘しました。

三極委員会の創始者であるデイヴィッド・ロックフェラーがもう99歳で、足腰が立たなくて日本に来られない。だから、富士山会合がこれからの新しい日米関係の最高の意思決定の財界人会議になります。ここに200人ぐらいの主要な財界人が集まってそれぞれの部会をやっています。

この会合には、政治学者で対《たい》中国専門家の北岡伸一《きたおかしんいち》氏（安保法制懇《ほうせいこん》座長代理。国際大学学長）が出ています。彼は安全保障の場面で、中国とアメリカの間を仲介する係です。政治・歴史学者の五百旗頭《いおきべ》真《まこと》氏（現在、熊本県立大学理事長）のあとは、北岡氏が全部やっているようです。その後ろには、やはり笹川財団がいます。

北岡氏が日米人脈では今のところ、日本側の最高頭脳でしょうね。だから、安倍首相の8月15日の談話（戦後70年談話）は、「日本は中国、アジア諸国を侵略しました」という内容になることを、北岡氏と菅義偉《すがよしひで》官房長官が根回ししている。しかし安倍晋三が言うことを聞かない。

それとやはり、竹中平蔵《たけなかへいぞう》（元経済財政政策担当大臣。元金融担当大臣。国家戦略特別区域諮問会議メンバー）がこの富士山会合に出ています。今年から竹中平蔵が中小企業を100万社ぐらい潰《つぶ》すのではないでしょうか。

竹中はアメリカの命令で、「労働市場の流動化《レイバーマーケット・リクイディション》」をやりました。即ち、非正規雇用を増やしました。次は「中小企業の流動化（資産再評価《リアセスメント》）」、即ち、倒産促進をやるつもりのようです。

佐藤　人材の流動化の次に企業の流動化ですね。彼は人材派遣会社パソナの取締役会長ですから、労働力商品から価値が生まれるという経済学の法則をよくわかっています。そこから搾《しぼ》り取るわけです。

副島　そうです。今、４００万社ぐらいある中小企業のうち、１００万社ほどを整理するつもりのようです。これは恐ろしい悪魔の所業です。彼は供給面重視（サプライサイダー）ですから、供給面《サプライサイド》である不要設備、不良会社を消し去ろうとしている。

竹中氏は、きっと安倍晋三に対して「いちばん嫌な仕事は私がやります」と説得しているでしょう。

ＮＨＫの大河ドラマで軍師・黒田官兵衛《くろだかんべえ》（１５４６～１６０４年）もこれをやっていました。「太閤秀吉殿。あそこのお城はもう要りませんね。私めが、あのへんの5万人ぐらいを処分（皆殺し）いたします」と言ったのです。

そうしたら秀吉は、「おお。よくぞ、言うてくれた」となったはずですよ。「いくらなんでもそこまではワシでも言えない」ということをやってくれるのですから、「ありがたい」

となるわけです。残酷な、いちばん嫌なことをやる人間が、権力者たちの内部では尊敬されます。

佐藤　それはそうでしょう。自分がやるのではなくて、竹中さんという防波堤がいれば、それで済むわけですからね。

副島　そうです。死刑執行人という、誰もやりたがらない、いちばん穢《きたな》い仕事をやる。首切り隊長です。

だから私はこれまで竹中平蔵に対する判断を間違えていました。私は「あの男は悪党だ」とずっと書いてきました。が、悪党ではなくて、悪魔だった（笑）。あの悪魔は、人を取って食うのです。そこまで気合が入っています。根性もあるし。アメリカに日本国民の大切なお金（年金、郵貯・かんぽ）がどんどん流れ出ていくことも、こいつがやらせている。今の日本郵政株式会社の西室泰三《にしむろたいぞう》社長は竹中平蔵の子分です。

日本人の多くはまた、自分たちにかけられている恐ろしい攻撃に自覚がありません。

円安を喜び、ルーブル安を危惧する日本人の愚かさ

佐藤　それでついに日本人は、自国通貨が安くなれば安くなるほど喜ぶ国民になったわけ

ですね。

副島　そうです。愚か者です。自分で自分の頬《ほお》を傷つけている。円安になって自国通貨の外国からの信用が落ちていることを嘆かない。自損行為、自傷行為です。

佐藤　株価が上がったと言っても、それをドル建てで計算してみなさいという話ですよ。しかも株を持っていない人間までもが、自国通貨が下がって喜ぶというのは、異常な心理ですね。

第三者的に突き放して見た場合、円安がこれだけ進んでいるということは、やはり一種の為替ダンピングです。

自国通貨が切り下がるのを喜ぶという心情は、１９３０年代の為替ダンピングのときの心情とそっくりです。

２０１４年に入って、ロシアのルーブルが急に暴落しました。12月16日には、一時１ドル＝80ルーブルという史上最安値になりました。これに対して日本人は、「ロシアの経済は大変だ」と言っています。

しかしそれを言うのなら、円だって暴落している。ところが日本人は「よかった、よかった。アベノミクスが成功している」と思い込んでいます。もう、頭がおかしくなったとしか思えません。

副島　そのとおり。日本国民を洗脳する道具になってしまっているテレビ・新聞というメディアがおかしな報道をやり続けている。テレビ・新聞が政府の国民への統制手段になっている。

東南アジア諸国の人々が、「日本人は自分で自分の通貨を落として喜んでいる。おかしな民族だ」と言っています。

彼らは昨年までは日本円を蓄えることを誇りにしていました。今は、日本円を持っていることが嫌われています。どんどん値段が落ちるわけですからね。

佐藤　この自国通貨が下がることを喜ぶという心理はものすごく危ないと思いませんか?

副島　危ないですね。

佐藤　円安を喜ぶ一方で、ロシアのルーブル安には「大変だ」と言う。これが矛盾しているということに多くの日本人は全く気づいていません。

ロシアの場合は、穀物もエネルギーも他国から輸入しているわけではありません。ルーブルの平価切り下げをしたって、べつに直接的な影響はないわけです。輸出にしても、エネルギー以外は、そんなに多くはありません。通貨安になれば、むしろ日本のほうが大変です。

隣国と同じことが自国でも起きているのに、隣国だけに対してだけ「大変だ」と書き立ているマスコミも、まったく頭を働かせていないのですよ。

副島　それがまさに佐藤さんが言い出した反知性主義ですね。

アベノミクスは反知性主義が生んだ現代の錬金術

佐藤　私は「反知性主義」に暫定的な定義を与えています。それは「実証性、客観性を軽視もしくは無視して、自分が欲するように世界を理解する態度」というものです。要するに「株価が上がれば経済がよくなる」みたいな態度です。

いまアベノミクスで株価が上がっているから、経済がよくなるというのは、諸前提を認めたうえでなら合理的に認められる結論です。

しかし、合理的でも、非科学的な話はたくさんあります。たとえば「インフルエンザは悪魔が呪うからかかる」という話がそうです。うちの娘がインフルエンザになった。悪魔たちのうちの、どの悪魔かが呪いをかけているのだ、という考え方は、完全に合理的な思考です。しかし、非科学的です。

このような、合理的だけど非科学的な話、あるいは合理的だけど非実証的な話というのが、あちこちで飛び回っているのです。

だからアベノミクスはむしろ錬金術の流れで見たほうがいいと思います（笑）。小保方《おぼかた》晴子《はるこ》さんの事件（注：２０１４年2月に発覚したＳＴＡＰ細胞研究の不正論文事件）もそうですが、彼女を錬金術師と思えば、別に不思議なことは全くないわけですよ。

副島　錬金術《アルケミストリー》から現代の化学《ケミストリー》が生まれたわけですからね。

佐藤　そうです。錬金術の周辺でいろいろ生まれてきました。

副島　占星術《アストロロジー》（星占い）から天文学《アストロノミー》（Astronomy）が生まれたわけですから。実は同じことの進歩、発展したものなのですね。対象《オブジェクト》の扱い方も感覚もまったく一緒だと思いますよ。

佐藤　安倍さんがなぜアベノミクスに踏み切れたのかというと、それは基礎教養が極めて弱いからですね。

副島　まあ、そうでしょう（笑）。もともと最初から悩みが少ない人でしょうから。

佐藤　やりたいことも悩みもないですね。だからおじいさん（岸信介《きしのぶすけ》）の無念を晴らすという意識だけは強い。しかし死んだ人の無念というのは、実際はわからないですからね。死者に仮託《かたく》して語るというのは、そもそも禁じ手です。

副島　安倍晋三は、30代の若い議員の頃に、朝日新聞とＮＨＫに叩かれていじめられた。そのことに対する恨みがすごいですね。彼は執念深くて、私怨《しえん》で動く人です。

佐藤　個人的な恨みです。だから忠誠心とかにも、すごく敏感ですよ。

副島　自分に対する忠誠心だけで同僚の議員たちを判断する。みんなで知恵を持ち寄るということをしない。自分に逆らってまでも政策を進言する才能ある人間を育てようとしない。人を育てない、致命的な弱点を持つ人ですね。だから今は、朝日新聞やNHKを人事面からものすごく痛めつけている。

佐藤　彼は自分がエリートではないと思っているのでしょう。

官僚の課長クラスの人事も握る内閣人事局の恐ろしさ

副島　今は、官邸《かんてい》独裁で、明らかに大統領府みたいな形になっていますね。自民党の部会《ぶかい》や各省の幹部たちの意見も蹴《け》飛ばして、全部官邸がやるという態度です。

佐藤　それはそうでしょう。といいますか、各省庁の官僚は安倍政権が長く続くとは思っていないのですよ。小泉さんだって5年しか続きませんでした。安倍さんがあと4年続くとは誰も思っていません。

だから外務省の次官とか幹部からすれば、安倍さんに余計な意見をして、首を飛ばされたらかなわない。官邸は人事権を行使しますからね。だから「お手並み拝見」みたいな感じでしょう。

副島　安倍首相は、内閣人事局《じんじきょく》というのをつくりました（2014年5月30日設置）。あれは恐ろしいところです。自民党政調会長の稲田朋美《いなだともみ》が、この内閣人事局で、幹部公務員600人（全省の本省課長以上）の人事を握っています。彼らから天下り先の決定権を奪い取りました。

官僚どもにしてみれば恐ろしいことだ。これが公務員制度改革（注：公務員の再就職を一元管理する「官民人材交流センター」を内閣府に設け、公務員にも能力・実績主義を導入し、設置後3年以内に各省庁による天下りのあっせんも全面禁止した）の行き着いた果てです。

安倍晋三は官僚トップたちの首根っこまでこうやって抑えつけることに成功した。だから、あの財務省でさえ屈服した。

内閣人事局は内閣府人事局でさえありません。内閣人事局は官邸にあるのです。

佐藤　大臣の人事権というのは、建前上は各省の事務官や技官全員に及びます。肩書きの名称に「官」というのが付くのは全員、大臣が人事権を握っています。だから辞令はみんな、大臣名義でもらうのです。「何とか委員」というのは雇い委員ですから、局とかの単位でやっていますけれども。

実際は、事務次官以上の人事に政治家はほとんど触《さわ》れなかった。事務次官から外務審議官、ナンバー2か3ぐらいまでの人事ですね。
ところが15年ぐらい前に、局長以上の人事は、総理、官房長官、官房副長官のところでの申し合わせがないと執行できないようになりました。
やはり、霞が関との関係において、官邸の人事に対しての力が強くなったのは、橋本内閣のときだったと思います。ところが、それでもまだ官僚は安心していた。
これは、霞が関の官僚をやっていた人間ならわかるのですが、官僚で本当に、実権があるのは課長なのです。要するに兵隊を持っているのは課長までです。安倍政権はその課長のところに入っていくわけですよ。

副島　私が昔、聞いた話では、各省での本当のエリートは、人事課長と総務課長と文書課長の3つだそうです。キャリアの中でも若い頃からこの3つの席に座っていない者は出世組ではない。

佐藤　業界用語で〝官房《かんぼう》課長《かちょう》〟と呼ばれます。

副島　大臣官房《だいじんかんぼう》の課長ですね。

佐藤　そうです。外務省の中だったら、たとえば在外公館課長というのは、在外公館の予算を全部握っています。ただ、カネや人事は握るのだけれども、そういうところは官房関係事項です。

それでは、ロシアのことはどこがやっているかといったら、ロシア課です。北朝鮮のことはどこがやっているかといったら、北東アジア課です。中国のことはどこがやってるかといったら、中国モンゴル一課です。そこのところに、秘密文書も全部保管してあるのですよ。だから実権というのは課長にあるわけです。

ですから、各課長のところに、政治家が手を突っ込むということになると、役所は相当人事に手を突っ込まれるということになります。ただ問題は、課長クラスで誰が適任なのかと政治家が知っているのか、ということです。実際はそこまでは、なかなか知らないでしょうね。

「戦後レジームからの脱却」で日本はどこに行くのか

副島　そうですか。いくらかわいい稲田朋美を使って安倍晋三と菅義偉が官僚たちの首まで抑えた、と言っても、その官房課長の適材適所まではわからない、ということですね。

官邸直属である日本版NSC《エヌエスシー》（国家安全保障会議。わかりやすく言えば、日本国防最高会議）のトップは谷内正太郎《やちしょうたろう》（元外務事務次官。元政府代表。元内閣官房参与）です。彼は2007年頃から国家戦略としての「自由と繁栄の弧《こ》」を言い出しました。安倍外交はそれを採用している。「自由と繁栄の弧」で中国包囲網をやろうとしています。

佐藤　できるはずないですよ。逆に中国に包囲されてしまうのではないでしょうか。だいたい球体において包囲するというのは、包囲されているのと一緒ですからね。

副島　それはそうですね（笑）。だけど「自分たちは世界規模でのビジョンを持っている」と勝手に思い込んでいます。

佐藤　彼らは「戦後レジームからの脱却」と言っています。しかし「戦後レジームからの脱却」をして、それではどこに行くと言うのでしょうか。

もしドイツで「ニュールンベルク体制からの脱却」といったら大変なことになるでしょう。今のドイツ連邦共和国は、ナチスドイツとは別の国という前提だから、世界から信頼されているのです。やはり、日本国も、大日本帝国とは、別の国だということにしておいたほうがいいと思います。

副島　「戦後レジームからの脱却」というコトバは、私の記憶では、宮崎正弘《みやざきまさひろ》さんが使い始めたはずです。彼は「早稲田大学国防部」をやっていて、ここから三島由紀夫《みしまゆきお》の楯の会にたくさん学生が流れました。宮崎さんは「ヤルタ＝ポツダム体制の打破」と言い続けている。私は早大の学生の頃、この早大国防部の看板（立て看と呼ばれた）を目撃しています。

大東亜共栄圏　the Great East Asia Co-Prosperity Sphere《ザ・グレート・イースト・エイシア・コプロスペリティ・スフィア》は大きな構想でした。谷内正太郎は「自由と繁栄の弧《クレセント》（三日月）」でその真似をしています。大東亜共栄圏というコトバは、当時外相だった松岡洋右《まつおかようすけ》がラジオ放送で使った。

松岡洋右は、ヒトラーとスターリンとムッソリーニの3人から一目置かれたほどの人物でした。だから私は松岡を再評価すべきだと思う。しかし谷内正太郎程度では、世界政治のプレーヤーにはなれません。

「大東亜共栄圏」とか「八紘一宇《はっこういちう》」は、1940年、41年の2年間ぐらい松岡がラジオで唱えて人気があっただけです。

松岡が外相としての首を切られた1941年7月からは、坂道を転がるように戦争に突入していきました。日本は騙《だま》されて戦争をさせられたと言うべきでしょう。

松岡としては、ヒトラーとスターリンがどこかで手打ちして休戦すると思ったのに、そうはならなかった。英米のほうが騙しが一枚上手でした。今の安倍や菅《すが》程度の知能では、とても世界政治の土俵には上がれません。

佐藤　松岡洋右は、英語も上手だったし、アメリカ事情にも通暁《つうぎょう》していた。帝国主義的な戦力均衡外交をやろうとしたのですが、日本にその基礎体力がなかった。そのため、日米戦争という最悪のシナリオに日本を追い込んでしまいました。日本の国力を等身大で見ることができなかったのが、松岡の限界と思います。

普通の民主主義国とは波長が合わない安倍政権

佐藤　安倍政権の面白いところは、ある意味では、アメリカの寝首をかくような感じで、対イスラエル協力をしていることです。今のイスラエルとアメリカの関係というのは、おそらく史上最悪に近いぐらい悪いと思います。

２０１５年3月3日にイスラエルのベンヤミン・ネタニヤフ首相が、ワシントンに行きました。しかしバラク・オバマ大統領とは会談ができなかった。議会で演説はしました。

副島　あのネタニヤフの米議会演説は大失敗だった、と欧米主要メディアはそろって判定しました。アメリカとイスラエルの関係をかえって悪化させた、と。その前にオバマが首脳会談を拒絶しました。あれはすごいことです。

佐藤　日本の安倍政権と今、波長が合っているのは、イスラエルと北朝鮮とロシアですよ。ネタニヤフ首相、金正恩《キム・ジョンウン》総書記、ウラジミール・プーチン大統領（笑）。この3人とは波長が合う。あとサウジアラビアとも波長が合いますね。

副島　日本はいったい、どこの同盟に入っているのでしょうか。プーチンは森喜朗《もりよしろう》元首相とのつながりでしょう。北朝鮮に対しては、安倍政権は２０１４年の7月に、制裁を解除しましたね。

佐藤　安倍政権が、こんな北朝鮮にやさしい政権だとは、誰も思っていなかったでしょう。朝鮮総連ビルだって、「使ってください、今までどおり」と結局、使いたい放題にしてくださったわけです。韓国との関係がこれだけ緊張しているのに。北朝鮮とはどんどん雪解けが進んでいます。

安倍政権は、変な政権です。普通の西側の民主主義国とは、あまり波長が合わなくて、仕方なくて付き合っているように見えます。

副島　欧米主要国の指導者たちは安倍晋三を評価しません。アジア諸国に対しては「ただで原発をつくってあげる。新幹線（高速鉄道）も差し上げます」と言って回っている。

安倍晋三が自らセールスマンを買って出て、60カ国を訪問しました。トルコやインドにも行きました。向こうは「タダでくれるなら、どうもありがとう」です。それ以上はまったく尊敬されていません。

日本とイスラエルが軍事面で技術提携をする

佐藤　日本・イスラエル共同声明が2014年の5月に出されました。サイバー攻撃に関しても、イスラエルと技術提携していくと思います。無人航空機（UAV）、いわゆるドローンでは、アメリカのグローバルホークやプレデターだけではなくて、イスラエルの無人航空機を入れるかもしれないですね。

イスラエルとの防衛協力で、ドローンを入れる場合に、どこと組むかといったら、富士重工です。かつての中島飛行機（注：現在の富士重工。太平洋戦争時に軍用機および航空用エンジン開発に取り組んだ）と組みますよ。三菱はアメリカと組んだからできません。

アメリカのドローンは、高すぎるのです。イスラエルのドローンは非常に性能のいいものを安く出しています。それでイスラエルと組むのです。

そもそもあの無人航空機のアイデア自体は、イスラエルから出てきたものです。第4次中東戦争（ヨム・キプル戦争）のときの追跡用標的がもとになっているのですね。

その技術をアメリカで発展させたのがグローバルホークやプレデターです。イスラエルのドローンはアメリカのドローンよりも少し小型です。イスラエル製のほうが命中率が高くて、もっと殺しに特化している。それから操縦がプレイステーションみたいな感じで簡単なのです。

あの技術が発展していくと、航空母艦などはただの標的になってしまいます。無人島に小さい基地を造って、そこからプラスチック製の無人航空機を飛ばせばレーダーにも引っかからずに、航空母艦を標的にできる。こういう時代になっていくわけです。

副島　日本製の、プラスチックでできた弾丸がきわめて高性能だそうです。それをイスラエルがいち早く採用したようです。これをドローンに搭載するわけだ。特殊プラスチック製だからレーダーに映らないのですね。この無人攻撃機から防御するためには、都市ゲリラ部隊になるしかない。

私は最近、面白い記事を読みました。ドローン開発が進むと、米空軍の第一線のパイロットたちが失業してしまうというのです。だからドローン開発をやめさせろという議論が出ているそうです。ものすごく深刻な問題になっている。米空軍のパイロットたちが怒っていますよ。だからこの計画を動かしているのは、空軍系ではない。

佐藤　ＣＩＡです。だから空軍のパイロットが失業する代わりにプレイステーションばかりいじっているような、オタクや引きこもりが戦力になるかもしれません。

でもヘリコプター乗りは喜んでいるみたいですね。ヘリコプター乗りはパイロットに比べて地位が低いですから。だからドローンへの乗り換えを歓迎しているみたいですね。

副島　ドローンは、アメリカから本当に2万キロメートル先まで操作できるのですか？

佐藤　そうです。今はワシントン郊外のラングレー（ＣＩＡ本部）で操作しています。ひと昔前は電波の関係があって、ドイツで操作をしていたらしいのです。アフガニスタンの戦争のときがそうです。ところがドイツに「そういうのはダメだ」と文句を付けられてしまったようです。

副島　もともとは日本のクボタとか、東芝とかの技術だったようですね。農薬撒《ま》き機のヘリコプターから始まったのでしょう。

佐藤　戦時中の日本軍も、無人航空機を開発していました。無人航空機や無人戦闘機が増えてくれれば、今度は潜水艦の必要性が高まるでしょう。潜水艦で、海底ケーブルからデータを盗んだりとか、そういう仕事が増えるでしょう。

副島　なるほど。わかりました。それで、オーストラリアのアボット政権が、日本の高性能のディーゼル潜水艦を買いたいと言っているのですね。だからオーストラリアの造船所の労働者たちが怒って、反対運動をやっていますね。日本の潜水艦は、ものすごく音が静かだそうです。原子力潜水艦と比べてもこの点ではものすごく有利です。

佐藤　音が静かであると同時に、今、あれだけ長距離を航行できるディーゼル潜水艦は、日本にしかないのです。それにオーストラリアは、アメリカの原子力潜水艦を買えないのです。非核化政策を取っていますからね。

副島　日本の潜水艦は神戸にある造船所で造られているらしい。

佐藤　三菱重工と川崎重工で、一年おきに「そうりゅう」級の潜水艦を造っています。

戦争に突き進んでいく安倍政権

日本に安保法制の改正をやらせるアメリカ

副島　私がいちばん警戒しているのは、やはり安倍政権が安保法制の改正をやって、どんどん戦争体制に入っていくことです。今年（2015年）中に着々とやるでしょう。

今年5月からの安保法制の整備で武器輸出緩和というのをまずやる。それから2つ目は、ペルシャ湾で機雷除去。ホルムズ海峡にマインスウィーパー（機雷除去艦、掃海艇）を派遣する準備。3つ目が集団的自衛権決議で、PKO（国連平和維持活動）を拡大する。この3つだと言われています。

デイヴィッド・アッシャー（新アメリカ国防安全保障センター・シニアフェロー）という男がいちばん動き回っている。日本の政治家たちにも、ご進講して回っています。おそらくこのデイヴィッド・アッシャーが、リチャード・アーミテージ（元米国務副長官）や、マイケル・グリーン（政治学者。戦略国際問題研究所副理事長）の後継ぎ、次の世代の人間だと私は見ています。
あとマイケル・オースリン（アメリカン・エンタープライズ政策研究所・日本部長）ですね。このへんを注目しています。そろそろ、リチャード・アーミテージとマイケル・グリーンは交代するでしょう。

佐藤　でもマイケル・グリーンも、リチャード・アーミテージも、みんな下っ端です。なぜそういう三下《さんした》みたいな人たちしか出てこないのでしょうか。

副島　日本がワシントンの政治から相手にされていないということです。アーミテージやグリーン程度で日本の政治家たちは十分に操れる、と見ている。
彼らは非公式の存在であり、正式の肩書きがありません。CIA の特殊部隊《スペシャル・フォーシズ》の責任者みたいで、裏側の役職があるようです。この程度の連中に国が動かされていると思うと情けない。

佐藤　昔はソ連も同じでした。イワン・コワレンコ（1919～2005年。元ソ連共産党国際部日本課長）のようなソ連共産党の中央委員でもない人物が交渉に来ていた。コワレンコは中央委員候補ですらなかった。
そうした一介の日本課長みたいな役職の人間に日本は操られているわけですからね。何かそういう三下みたいな人間に操られやすい体質があるのでしょうか。

副島　その点を、私たちがもっと公然と批判していかないといけません。日本はアメリカからもまともに相手にされていなくて、ナメられているみっともない国です。互角の交渉になっていない。アメリカにいいように操られています。

金融・経済面では、フレッド・バーグステン（国際経済ピーターソン研究所所長）やグレン・ハバード（コロンビア大学ビジネススクール校長）が、今でも竹中平蔵や伊藤隆敏《いとうたかとし》（東大名誉教授。インフレターゲット理論の唱道者）を操っています。

佐藤　これからは、沖縄の翁長雄志《おながたけし》知事のほうがきちんとした人に会えるかもしれません。現に前の知事公室長だった又吉進《またよしすすむ》（現外務省参与）あたりでも、アメリカのそこそこのレベルの高官と会えていました。きちんと「ノー」が言える人のほうが会えるのです。

副島　沖縄は舌禍《ぜっか》事件を起こしたケヴィン・メア（米国務省東アジア・太平洋局の元日本部長）という悪い男を叩き出しました。

佐藤　そうです。あれは前代未聞でした。沖縄の力で叩き出したのです。

副島　ケヴィン・メアが叩き出される元になった記事（2011年3月8日付）を書いた人は、共同通信の記者でしたね。

佐藤　そうです。ただ基本的には、琉球新報と沖縄タイムスの力です。

副島　そのケヴィン・メアが、また日本に戻ってきているようです。ここそこと目立たないように動いている。今は民間コンサルティング会社の社員の肩書きだ。しかし大使館の情報部に出入りして日本の右翼メディアを扇動する係をやっている。

アメリカ大使館の中では、ケヴィン・メアの派閥と、オバマ直系のダニエル・ラッセル（米・東アジア・太平洋担当国務次官補。カート・キャンベルの後任）の派閥の対立がある。ダニエル・ラッセルは北朝鮮を軟化させる交渉をやっています。韓国の朴槿恵《パク・クネ》政権ともつながって、何とか朝鮮半島の非核化《ひかくか》を推進している。このオバマ直系の人たちとメア系が争っているようです。

「行動する保守」の排外主義的言説を放置するな

副島　このケヴィン・メアが、産経右翼やら読売新聞系やらを、うまい具合にけしかけて、出版業界にまで影響を与えている。

２０１４年に百田尚樹《ひゃくたなおき》の『永遠の０』がベストセラーになりました。あの本は２００６年に出版された古い本なのに、それが２０１２年ぐらいから、急にベストセラーになった。あれは安倍政権の後押《あと》しもあって、計画的に売ったとしか思えません。

いったい、どういう人たちが買っているのでしょうか。

佐藤　みんな、あの本に感動したとか言っていますね。

副島　それから、嫌韓本《けんかんぼん》という、韓国叩きの一連の本が出ました。中国は強いから韓国叩きに特化したようです。あれもおかしな動きでした。しかし、だんだん下火になりました。

佐藤　在特会《ざいとくかい》（在日特権を許さない市民の会）が「行動する保守」とかいって暴れるというのも、一種のバンダリズム（文化破壊活動）とアナーキズム（無政府主義）が合わさった感じです。民主主義自体が、飽き飽きだ、という感じになって、雰囲気としては非常にアナーキスティックになっています。

副島　彼ら日本の右翼たちが、世界基準《ワールド・ヴァリューズ》での移民排斥の極右集団であるのかどうかを私は今、考えています。彼らは一つの勢力にまとまっているわけではありません。今のところは実体のない、ふわふわとした存在です。

佐藤　在特会のような排外主義的言説を放置しておくと、国際社会において日本は文明国の人権基準を満たしていないという誤解を招きかねません。中国や韓国、北朝鮮、ロシアに対して付け込む隙を与えかねない。

日本人が自国を愛し、愛国的な言説を展開することと、特定の民族や人種にゴキブリ、ゴミというようなレッテルを貼り、「死ね」「日本から出て行け」という言説を唱えることは、本質的に異なります。

警察庁は2014年版「治安の回顧と展望」で、在特会を「極端な民族主義・排外主義的主張に基づき活動する右派系市民グループ」の一つとして、初めて団体名を明記して動向を取り上げています。警察が在特会を警戒する姿勢を示したことは外交的にも意味がありました。

ところが、警察は、在特会とカウンターデモが鉢合わせになって一触即発状態になると、在特会のほうに好意的に介入します。あれは警察官の中に植えつけられている本性なのでしょうか。

副島　そうです。右翼体質ですね。体制保守というよりも、ちょっと暴力的右翼体質というのが警察官たちの中にもあるのでしょう。

尖閣諸島問題で日本は世界秩序をかく乱させている

佐藤　副島さんは尖閣《せんかく》諸島問題に関してどうお考えですか?

副島　尖閣諸島は、日清戦争（1894年）のときに、正式に下関条約（1895年）で、日本が中国（当時は清朝政府）から割譲させたものです。台湾と澎湖《ほうこ》諸島の海域に属している。だから正式に日本のものになりました。

戦争で勝ったほうは、戦勝国として無理やりでも何でも条約にして敗戦国と取り決める。きちんと当事者双方の署名がなされて成立する。その取り決め自体は国際法に照らして有効です。あとになってから「あの契約（条約）は無効だ」と騒いでも認められません。

佐藤　当時は帝国主義全盛期でした。

副島　それで、清国があの領域を手放して、日本が台湾と遼東《リャオトン》半島を取りました。遼東半島は三国干渉《さんごくかんしょう》で返させられましたが。

その後、第2次世界大戦中に、カイロ会談（1943年11月）がありました。そこに蒋介《しょうかい》石《せき》（中国国民政府主席）も行っています。ハリー・トルーマン（米副大統領）、ヨセフ・スターリン（ソ連書記長）、ドワイト・アイゼンハワー（連合国軍指揮官）、ウィンストン・チャーチル（英首相）の首脳たちがいました。

その会議で日本の領土は大きな島4つだけとなり、それ以外のものは全部、連合諸国《アライド・パウアズ》が取り決めることになりました。それを引き継いだヤルタ＝ポツダム宣言（ヤルタ会談、1945年2月、ポツダム宣言、同7月）を、敗戦国となった日本は承認した。このあとサンフランシスコ講和条約（平和条約、1952年4月28日発効）で確定した。

正式に日本のものになっていた尖閣諸島が、ヤルタ＝ポツダム会談で日本から取り上げられたのです。それを日本は認めた。このことが重要です。

それに対して「尖閣は固有の領土だ」とか訳のわからない日本語を使って、「昔から網《あみ》小屋があった」程度の根拠で、自国領だと言うな、ということです。

佐藤　そもそも日本に最初から100％の自信があれば、あそこに港や灯台もとっくに建造しているはずです。何もないということは、外交的に見れば何かいわく付きの土地だということになります。これはどの外務省関係者に尋ねても全員同意するでしょう。

それにマスコミは隠していますが、尖閣諸島の一部はまだアメリカの「領土」です。久《く》場《ば》島・大正島は米軍の射爆撃場となっています。実際は20年ほど使っていませんが、まだ日本に返還していない。つまりアメリカの「領土」です。

尖閣諸島問題は、日本が必要もないのに国内的な事情から人為的に緊張をつくり出しているというのが国際社会の見方です。日本は世界秩序のかく乱者のように見られています。

副島　やはり相手との合意がなければならない。私たちの身の回りの土地争い（境界紛争という）でも、市役所や測量士の立ち会いのうえで、双方合意で杭を打つことで解決します。「オレのものだー」と言い続けるのはまともな大人の態度ではない。

国際社会は、もっと冷酷です。正式に領有権（主権《ソブリーンティー》、所有権）があったものを、連合国に奪い返されたという事実を認めないと、世界で通用しません。

「日本固有の領土だ」の「固有」は、インエイリアナブル・ライト（inalienable rights）と英語で言います。インエイリアナブル・ライトとは、何人《なんぴと》も奪うことのできない天賦《てんぷ》の権利であり、ジョン・ロック（1632～1704年）が言った思想です。

つまり百姓でも誰でも、「見渡すかぎり、この10ヘクタールぐらいは、子どもと家族を養うために耕していい自分のものだ」という思想です。

国王や貴族たちが持っていた権利を類推してできたのです。日本人が「閣議で決定したから日本のものだ」と、勝手に「固有の権利」を根拠にして主張するのはおかしい。境界紛争は隣の人が承認しなければいけない。

佐藤　「合意は拘束する」の原則ですね。

副島　そうです。隣の人と、市役所と、あと測量士とかの立ち合いのうえで、「はい、ここに境界の杭を打ちます」と言って初めて境界なのです。「自分だけで決めましたので」という、みっともないことをするな、ということです。

佐藤　しかも、その1895年の閣議決定は公表していません。秘密閣議決定です。

副島　ああ、そうですか。決定したと言っているだけですか？

佐藤　そう。官報にも出ていないのですよ。それだから、秘密閣議決定なのです。だから中国は、「いつ公知の事実になったのか」と反論ができるのです。日本が、この閣議決定を公表したのは1950年代になってからです。

副島　ということは、中国がハーグの国際司法裁判所に訴えたら、中国が勝ちますね。

米軍が実効支配（実力支配）していた尖閣諸島の海域が、沖縄の本土復帰（日本国への返還）に伴って、その海域の施政権《しせいけん》（実効支配、実力支配）が日本に渡されただけのことです。だからといって、尖閣諸島が日本の領土だという主張は、オランダのハーグにある国際司法裁判所（ＩＣＪ《アイシージェイ》 International Court of Justice）に持ち出したら日本に勝ち目はないでしょう。中国の勝ちとなる。

佐藤　日本にとって不利なのは、「いつ公知の事実になったのか」という点です。ただ、１９７０年代まで中国は一度も領土を要求していないというのも事実で、これは中国にとってかなり不利です。だから、両国とも不利な点はあります。

副島　米軍が実質支配していたからということを前提にして議論していますよ。

佐藤　でも、その前の１９４５年までも、一度も要求していないですから。国連があそこに石油が埋まっていると言い始めてからですよ。１９６０年代の終わりごろから急に言い出しました。

副島　中国の実感でいえば、余裕がなかったのでしょう。国民党と共産党の内戦状態で、それどころではなかった。漁民が船で出ていく力もなかった。中国は大した船も持っていませんでした。小さな漁船がチョロチョロと沿岸に出ていた程度です。海の魚なんか食べない国民です。

佐藤　それから当時は、海の権利というのは、あまりなかったですから。領海以外だったらどこを操業してもかまわないという時代ですからね。

副島　沖合約370キロメートル（200海里）の排他的経済水域《はいたてきけいざいすいいき》（EEZ《イーイーズィー》）の問題もありませんでした。このEEZは1982年に国際条約になった。

佐藤　昔は領海も3海里でした。5・5キロメートルです。

副島　今は領海《テリトリアル・シー》12海里ですから、海岸線から22キロメートル以上ありますね。

国連は国際的強制執行活動の機関だから怖い

副島　私のリバータリアンとしての信念からは、敵が領土・領海・領空に入ってきたら戦うということになります。こちらから外国まで攻めていくということはしません。この思想が私はものすごく大事です。

佐藤　まさに専守防衛ですね。

副島　そうです。私はそれでいいと思っています。外国まで行ったら言葉も通じないし、土地の事情もわからない。食料がなくなったら略奪をするしかない。戦闘の基本はバッタり出合う遭遇戦《そうぐうせん》ですから、たいてい現地人を殺してしまいます。それが現地人の憎しみを買う。だから、戦争をやるなら自分の領土・領海・領空内でやるということです。

自国内なら夜、寝泊まりするときに、日本人同士だから泊めてくれるはずです。戦争は寝泊まりが大事です。雨露《あめつゆ》をどうしのぐかが基本です。

佐藤　特に中東みたいな宗教が違うところで、違う宗教の人を殺してしまうと、面倒くさい話になります。イスラム圏に対する侵略だという話に、すぐなってしまいます。

副島　1人殺したら憎しみがもうダーッと湧き起こる。だから私は外国に攻めていかないパシフィスト（平和主義者）です。

佐藤　そこのところは、絶対平和主義者ですね。

副島　軍事の問題は、変に技巧的、技術的になると、かえって騙されます。兵器や銃器の使い方など知らなくてもいい。自分で線を引いて、そこから出ないという考え方をしています。

「副島は国連主義者か。あんな国連なんかを持ち上げるのか」と、バカなことを言う人がいます。それに対して私は「お前、国連をナメるなよ」と反論します。世界を現実に支配している力をナメてはいけない。

佐藤　国連は怖いですよ。

副島　国連は正しくは連合諸国《ユナイテッド・ネイションズ》と訳し直すべきです。連合諸国《れんごうしょこく》（×国連）は、国際的な強制執行活動《エンフォースメント》の機関なのです。ただの親善団体ではありません。言うことを聞かないと、共同軍事力で抑えに来る。

　強制執行機関だから、裁判所の判決が出て、強制執行をするのです。それがＰＫＯ（平和維持活動《ピース・キーピング・オペレーション》）です。

　日本人はこのＰＫＯの意味がわかっていない。「平和維持」というのは、「平和でよかったね」というような意味ではありません。「犯罪者を処罰する」とか「違法状態を原状に復帰させる」という意味です。強制力《フォース》（暴力《ゲヴァルト》、軍事力）の行使なのですから。

佐藤　それだから、集団的自衛権と違って、集団安全保障なのですよ。自衛でなくてもやれるということです。

副島　ＰＫＯで出動した各国軍隊は、強制執行《フォースメジュール》なのであって強制力の行使はありますが、自分が戦争をしているわけではない。国連《ザ・ユーエヌ》がどこかの国と戦うとか愚かな理屈ではない。世界の秩序を維持し、平和を維持するための活動です。

佐藤　だから怖いのです。警察となると、国際法が適用されません。警察活動のほうが一段上ですから怖いのです。戦争はお互いイーブンです。

　戦争なら、よほどの戦争犯罪をやっていなければ、人を殺しても責任は問われません。

ところが警察活動だったら、どんな理由があっても、人を殺したら責任を問われます。

副島　そうなのです。各国のそれぞれの刑法（国法《こくほう》の一つ）によって犯罪者は処罰される。各国の法律以上の権力はこの地上には存在しません。✕国連（〇連合諸国）は世界政府（ワールドガヴァメント）ではありません。

　国家を超えた団体はまだ地球上にありません。連邦国家《コンフェデレイション》や国家連合《ステイツ・ユニオン》程度ならありますが。これは小室直樹《こむろなおき》先生が教えてくれました。

もうすぐ尖閣諸島で軍事衝突が起きる

副島　尖閣諸島問題に話を戻すと、私はやはり軍事衝突が起きるのではないか、と考えています。軍事衝突というのは、公務員が死ぬということです。漁民とか侵入者とかをいくら捕まえて、死人が出ようが、軍事衝突ではない。公務員が死ぬことが必要です。

　双方の公務員が死ぬと、どうしても国家と国家の衝突になる。

佐藤　仮に死ぬのが民間人であっても、殺すのが公務員だったら、国家の行為としてやったということになるわけですね。殺す側が公務員だったら、被害者は民間人でも衝突になります。

副島　私は双方の公務員が死ななければいけないのではないか、と思っています。

佐藤　ただ、双方が死ぬと、本当に戦争になります。片方が死ぬだけだったら、もう片方は文句を言い続けることができます。

副島　そうなりますね。軍事衝突military conflagration（ミリタリー・コンフラグレイション）という段階は、まだ「事変《じへん》」ではない。少なくとも500人ぐらい死なないと事変とはいえない。

事変は紛争とも言います。満州事変、支那《しな》事変、ノモンハン事変のレベルになると、戦争（ウォーフェア Warfare）一歩手前です。少なくとも事変の段階でもまだ国交はあるし、人の行き来はできるし、企業が相手国で工場を操業していたりする。

佐藤　2000人以上が死ぬと、もう事変ですよね。

副島　そうです。事変です。事変はmilitary conflict（ミリタリー・コンフリクト）です。だからその前の段階である軍事衝突（ミリタリー・コンフラグレイション）がもうすぐ尖閣諸島で起きる。

そしてそれはすぐに停戦（cease fire《シーズ・ファイア》）します。そして再び衝突が起きて、また停戦します。

佐藤　死者が2000人というのが一つのハードルですね。2000人までは、紛争が起

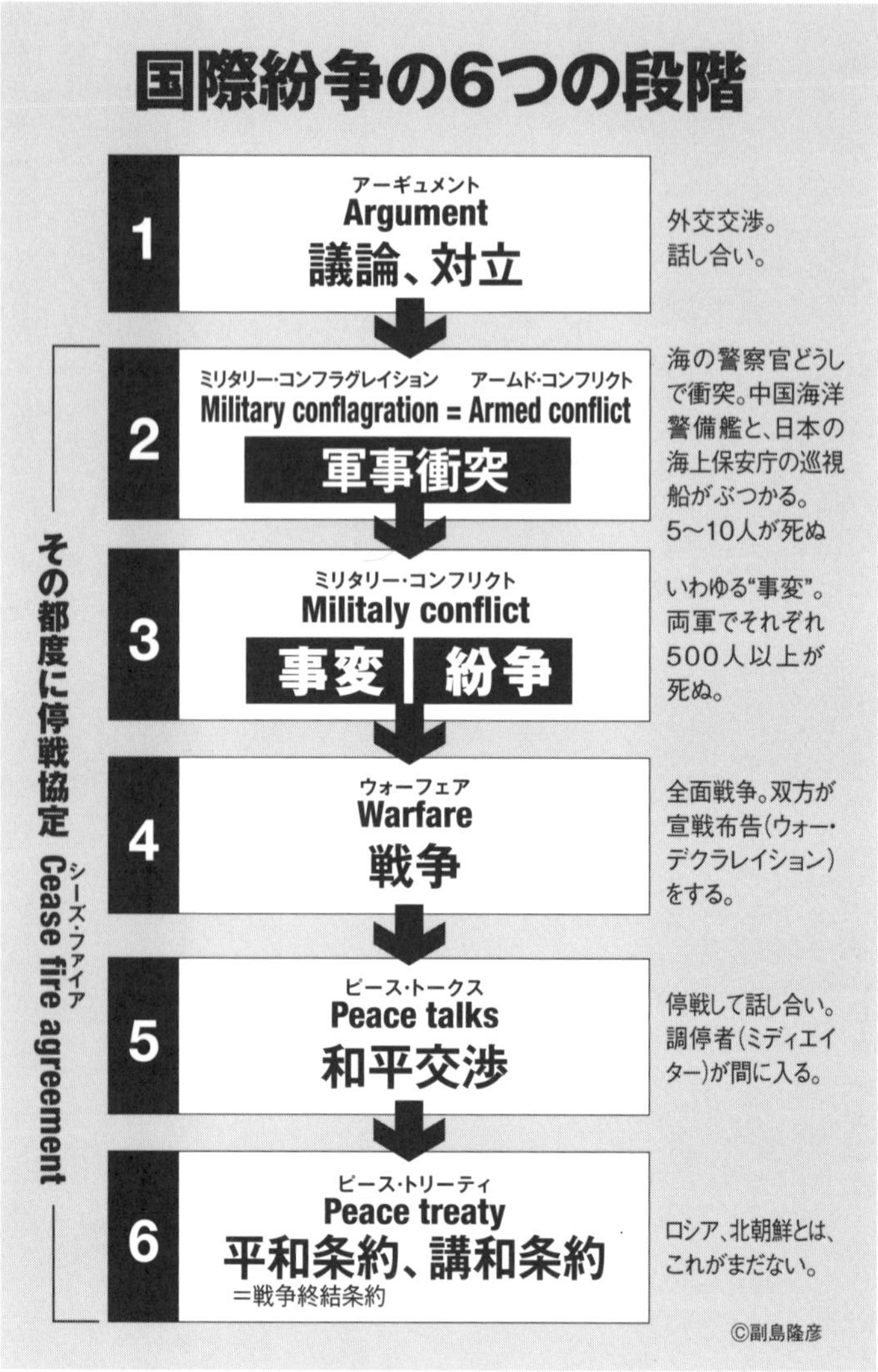

国際紛争の6つの段階
1
Argument《アーギュメント》
議論、対立
外交交渉。
話し合い。
2
Military conflagration《ミリタリー・コンフラグレイション》 = Armed conflict《アームド・コンフリクト》
軍事衝突
海の警察官どうしで衝突。中国海洋警備艦と、日本の海上保安庁の巡視船がぶつかる。
5〜10人が死ぬ
3
Militaly conflict《ミリタリー・コンフリクト》
事変 紛争
いわゆる"事変"。両軍でそれぞれ500人以上が死ぬ。
4
Warfare《ウォーフェア》
戦争
全面戦争。双方が宣戦布告（ウォー・デクラレイション）をする。
5
Peace talks《ピース・トークス》
和平交渉
停戦して話し合い。調停者（ミディエイター）が間に入る。
6
Peace treaty《ピース・トリーティ》
平和条約、講和条約
＝戦争終結条約
ロシア、北朝鮮とは、これがまだない。
その都度に停戦協定 Cease fire agreement《シーズ・ファイア》
©副島隆彦

きても止まらないのです。２０００人が死んだところで、双方が一応、やめたいという気持ちになる。

　２０１４年に起きたガザ侵攻と第３章で取り上げるウクライナの政変でもそうでした。

副島　この事変の段階をヒラリー・クリントンたちは東アジアでもやろうとしています。私はそういう冷酷な、いやーな予測を立てています。それは２０１７年からでしょう。

　ヒラリーは、２０１０年の『フォーリン・アフェアーズ』誌にPivot to Asia（ピヴォット・トゥ・エイシア）という論文を発表した。「軸足《ピヴォット》をアジアに移す」と書いた。彼女がそれを言ったときに、私は極東《ファーイースト》でも戦争をやらせる気だなと気づきました。だから安倍政権に安保法制の改正を急いでやらせている。

日本を中国とぶつけさせたいアメリカの計略

佐藤　でも安保法制の改正は大変でしょう。あれでは集団的自衛権で逃げられません。
副島　集団的自衛権（collective defense right　コレクティブ・ディフェンス・ライト）というのは、国連憲章《ユーエヌ・チャーター》51条に1行あるだけです。
　集団的自衛権というコトバは、どうも戦勝国しか使ってはいけないようです。安倍たちが勝手にガバガバ使うことを操《あやつ》り人間のアーミテージですら嫌がっています。「お前らみたいな負けた国が偉そうにcollective defence《コレクティヴ　ディフェンス》という言葉を使うな」とアメリカ人から不思議がられている。自衛隊ごときが、米軍と対等に「集団的」軍事行動ができるなどと思っていない。自衛隊なんかロジスティカル・サポート（物資補給、後方支援活動）で十分だ。

それでもアーミテージにしてみれば、日本の自衛隊を中国軍にぶつけさせたい。だから「わかった。それなら、お前らに集団的自衛権というコトバを使わせておいてやるよ」という感じでしょう。日本側が唆《そそのか》されて、勝手に暴走しているのです。

ＮＡＴＯ《ネイトー》（北大西洋条約機構《ノース・アトランティック・トリーティ・オーガナイゼイション》）は集団的安全保障だ。集団的自衛権です。１９５１年にアジア地域《リージョン》での太平洋集団安全保障構想というのがありました。が、実現しませんでした。どうも日本の吉田茂《よしだしげる》が逆らったからだという説があります。

それで１９５１年に、オーストラリアとニュージーランドとアメリカの間でだけ太平洋安全保障条約（ＡＮＺＵＳ《アンザス》）ができました。あとは韓国やシンガポールや日本が、個別にそれぞれアメリカと安保条約を結びました。

佐藤　日本はやはり敗戦という現実をごまかしているところがあります。ドイツの場合はそれができません。一回、国家がなくなって、占領されていますから。

それから日本の場合、先ほど副島さんが指摘されたとおり、the United Nations「ザ・ユナイテッド・ネイションズ」を「国際連合」と訳していることも問題だと思います。あれはどこから訳しても「連合国」です。

しかも実態として、「ポツダム宣言を要求した、われら連合国」の「連合国」が「ザ・ユナイテッド・ネイションズ」なのですから。それを「国際連合」という誤訳によって、第2次世界大戦の前とは全く違う国際秩序なのだと思っているあたりが問題ですね。

副島　1951年9月にサンフランシスコ講和条約があって、その4年後に、日本は自分から尻尾を丸めて、国際秩序に入れてもらった（連合諸国《ザ・ユーエヌ》への加盟）という自覚を、意識的に持たないようにしている。それで、日本の安倍たちは、「誇りを取り戻せ」の一点張りで、当然のように自分たちにも集団的自衛権というのがあると思い込んでいる。

内閣法制局の横畠裕介《よこばたけゆうすけ》（内閣法制局長官）たちはそう思っていません。今の憲法や法律をどう読んでみても、整合的に解釈できるのは個別的自衛権《こべつてきじえいけん》だけだ、という立場です。

ただし、アメリカはもう一つ別の軸を持っています。とにかく日本の自衛隊を先に中国軍にぶつけさせろという政策も取っている。これがヒラリー勢力です。二股をかけるといいますか、二重構造で来ています。

だから自衛隊がアメリカとの同盟軍《アライド・フォース》（共同軍）としての動きをするといっても、認めないでしょう。それで、日本の自衛隊が自分で勝手に中国とぶつかるように誘いかけるのです。その際に米軍の兵器をいっぱい買わせて、「お前らが前面《フォワード》に出ろ」という考え方をする。

なんで日本ごときが、アメリカと対等になるのか、とアメリカ人はキョトンとしている。個別的自衛権しかないのです。

佐藤　そもそも限定的な集団的自衛権というのが不思議な概念ですからね。そんなものは、集団的自衛権を丸々やるか、やらないか、どちらかです。

集団的自衛権と個別的自衛権と重なる部分があって、その個別的自衛権の部分を集団的自衛権と、今のところ呼んでいる。だから安倍政権の2014年の閣議決定は、「これまで個別的自衛権と呼ばれていた部分を集団的自衛権と呼び直すことにした」という話です。

それ以上のことをやるときは憲法改正をする必要があります。それなら、全部、個別的自衛権で説明できるということになります。

副島　そうなのです。横畠裕介法制局長官たちは、そういう立場です。国際法《インターナショナル・ラー》が少しでもわかっている人なら、この理屈がわかる。いくら日本国内でおかしな意見一致をしても、相手は世界ですから。

日本の法制官僚（法律作成官僚）たちは、そこで踏みとどまって、何を言われようが、言うことを聞きません。安倍たちが何をやろうが、どんなに脅かそうが、どうせ個別的自衛権しかないのだという立場です（笑）。

佐藤　だから無理なのです。

副島　あれは漫才みたいですね。でも、この議論がわかる人があまりいませんね。横畠たち法律官僚は、憲法が改正されたら、その条文に従う、という立場です。

佐藤　安倍政権は、集団的自衛権に関する閣議決定というのを、ほとんど無視すると思います。あの閣議決定では、実際は何もできませんからね。

実態として見るならば、今回の閣議決定で、以前より自衛隊の海外派遣は難しくなりました。もし、今回の閣議決定の内容について「個別的自衛権と警察権の範囲で処理しろ」という指示を外務省と内閣法制局の頭のいい官僚に与えたならば、見事に集団的自衛権を迂回した処理ができたはずです。

ところが、安倍政権の強さというのは、閣議決定のような難しいことに縛られていないところです（笑）。「俺は難しいことわからないから、あとは気合でやってくれ」みたいな感じです。しかし、それを国民が許容したのです。

安倍独裁政権に歯止めをかけられるか

創価学会・公明党という中道勢力の重要性

佐藤　集団的自衛権の壁というのは、今まで全く越えることができませんでした。そこで、安倍さんは、内閣法制局の長官に、死にかけている人（小松一郎《こまついちろう》氏。元フランス大使。2014年6月23日没。享年63歳）を据えたわけです。安倍さんは、ある意味で頭がいいわけですよ。そういう人事でとりあえず突破口をつくろうとした。ただ、突破口をつくろうとしたら、創価学会という大変な相手がいて、なかなか穴が開かない。与党である公明党が極めてレベルの高いプロフェッショナルな対応をしました。だから穴が開いても、公明党が接着剤で縫いつけて固めようとしているわけです。

副島　佐藤さんがお書きになった『創価学会と平和主義』（2014年　朝日新書　朝日新聞出版刊）という本はとても重要です。やはり、抑止力《デターランス》として、中道の勢力を大事にしなければいけないということですね。一方の方向へ政治が暴走しようとするときに、それを押しとどめる力が常に必要です。これが、「リアリズム」という、ものの見方だと思います。

佐藤　そうなのです。要するに安倍は絶対にダメだ。公明党は下駄の雪だ。こんな連中はみんなダメだ。正しいのは俺たちだけだと言って「あー、気持ちよかった」という、一部の左派とかリベラル派のようなものでは現実の政治に影響を与えない。

副島　政治は力学です。キネティックス kinetics であり、ダイナミックス dynamics です。政治は力学的な大きな組織、団体の勢力間の取引、駆け引きです。正しいとか間違いとか、好きとか嫌いとか、優劣とかの問題ではない。人間集団が生きていくためのうごめきのことです。

　だから、やはり創価学会・公明党と共産党というのは、善悪正邪を言う前に、現実の勢力として飯を食べている人たちです。それぞれ、７００万票ぐらいもっていますね。創価学会は、衆議院議員を４人増やして、35人でしたか？

佐藤　はい、35人です。

副島　公明党や共産党の市会議員が全国にいて、その人たちが地域の貧しい人たちに、福祉のお金を配り、県営住宅とか市営住宅に入れている。その恩恵を与えて政治が出来上がっている。

　共産党も、衆議院議員が8人から21人になりました。だから、棚からぼたもちで大喜びしています。共産党も貧しい層の人たちの利益を代表、吸収している。

だからアメリカの黒人たちの「福祉をよこせ」の現実政治と同じです。ここで彼らを福祉に集《たか》っている人たちと言ったら叩かれるでしょうが、要するに分配金をよこせという話です。

佐藤　公明党や共産党はそこのところに関与しているわけですね。昔はそこに自民党がバッチリ入っていたのですけどね。自民党は、いま1年生、2年生議員が後援会をつくらないのです。

副島　もう、つくれないでしょう。誰も政治献金なんかしたくない。

佐藤　いや、つくる発想がないのです。彼らは歳費をため込むのです。自分たちに風が吹かないと次の選挙は通らないから、とか言って、蓄財しています。

安倍政権はまるで「ウンコ座りの暴走族」

副島　安倍の横にいる菅義偉内閣官房長官というワルが大変な知恵者のように言われています。かつての野中広務《のなかひろむ》のようです。委員会で野党の議員が鋭いことを質問したら、なんとその答弁で「あんた、そんなこと言っていいのか」とスゴミを利かせました。それで相手が震え出す、という感じです。

菅義偉は、集団就職で上京した法政大学出で、横浜のニコヨン（注：日雇い労働者のこと）、沖仲仕あがりです。下からの叩き上げだから、ドスが利いていて根性があります。

しかし、どうも彼も知性というか知能が足りない。がむしゃらに精いっぱいやっているのでしょうが。

佐藤　なんか、本当に知性を憎んでますからね（笑）。本を読めば読むほど、人間は悪くなるみたいな発想ですから。だから知的なことを言われるほど反発します。「お前、本で勉強したことで、役立ったことなんか何一つねえぞ。ふざけんじゃねえ。こっちは体張っているんだからな」という感じです。

安倍政権はコンビニの前でウンコ座《ずわ》りしている、暴走族みたいな雰囲気ですよ。

副島　安倍晋三と麻生太郎《あそうたろう》はやはり難しい漢字が読めない。昔、民主党の石井一《いしいはじめ》に「総理。この漢字を読めますか」とコテンパンにやられたとおりです。

ディスレクシア（dislexia）、難読症《なんどくしょう》といいます。アメリカにもいっぱいいます。ブッシュの息子のほうがそうです。難しい単語が読めなかった。だから勉強ができない。このディスレクシアの人が、どこの国でも10人のうち本当は2、3人いるかもしれません。ものすごい数でいるのですよ。

佐藤　そうすると、ある意味、大衆の代表なのですね。

副島　そうです。だからジョージ・ブッシュは、アメリカ財界人の愛すべき代表でした。財界人ボンクラ三代目たちと気持ちが通じているわけです。創業者と二代目までは知恵と才覚があって会社を大きくしたけど、ボンクラ三代目さんたちはボーッとしている。「ボクちゃんたちバカなの。でも、頑張っているから」という感じです。

佐藤　日本でいえば、ＪＣ（日本青年会議所）の雰囲気ですね。

副島　まさしくＪＣの親分で、いまも全国の人事をすべて握っているのが麻生太郎です。麻生太郎も立派なディスレクシアですから。マンガの『ゴルゴ13』しか読まない（笑）。本当に、あれで世の中を勉強したらしいです。

佐藤　そうでしょう。麻生さんは、ナチス憲法があったと信じていますから。ワイマール憲法、形式的にはナチスの時代にもずっと生きていたのですけどね。

副島　そうです。体制上は、ドイツ第三帝国《ドライスライヒ》もワイマール憲法のままです。

佐藤　麻生さんの「ナチスの憲法に学べ」発言は、思わずポロッと国家秘密を漏らしたのかもしれません。ヒトラーの憲法顧問だったオットー・ケルロイター（ミュンヘン大学教授）のナチスドイツ憲法論に従って、実定法で矛盾するものを、別にいくつも作っていけば、実質的なナチス憲法ができるということです。

副島　どんどん法律で組み立てていけば、実質的に、憲法改正をしたことになるのですね。それが解釈改憲ですね。

佐藤　諸外国から見ると、それをやっているように見えるでしょうね。そうすると麻生さんというのは、なかなかの戦略家のように、外から見ると見えるわけですよね。

民主党勢力もアメリカに操られて小沢一郎を潰した

副島　私は、小沢一郎《おざわいちろう》ガンバレでしたが、今の民主党支持ということではありません。ただし勢力としては今の民主党ともお付き合いはします。向こうもべつに私を呼ぶこともあり得ないし、私には支持勢力はありません。2015年1月、民主党の代表が岡田克也《おかだかつや》になりましたが、彼は彼なりに頑張るでしょう。

岡田家も、巨大スーパーとなったイオン系の組織で、200万から300万人を抱えているでしょう。だから共産党や創価学会と一緒で、支持者を食わすための団体でしょうから、親父と一緒に頑張ってくれると思います。

岡田は、鳩山政権で外相だったときに、リチャード・アーミテージとカート・キャンベルに怒鳴りつけられて真っ青になりました（2010年4月）。あのときに小沢一郎から離れた。政治は勢力だから、岡田が生き延びるためにはそれもいいだろう、と私は思いました。

佐藤 今の民主党を体現しているのは輿石東《こしいしあずま》さんだと思います。あの干からびた感じ（笑）。あれは民主党をシンボライズしていますよ。民主党そのものです。

副島 鳩山政権を潰したあとの小沢一郎への攻撃で、一番ワルいヤツは、最高裁判所長官だった竹崎博允《たけざきひろのぶ》です。〝三権の長〟ですから。あのとき、いろいろ違法行為をした警察庁長官の漆間巌《うるまいわお》や、検事総長の樋渡利秋《ひわたりとしあき》、東京地検特捜《とくそう》部長だった佐久間達哉《さくまたつや》たちよりもずっと、竹崎が悪い。

竹崎博允は裁判官時代に、一等書記官でワシントンの日本大使館にいました。アメリカが育てた法務省・裁判所系の人材です。あの検察審査会というのは、最高裁の職員である公務員たちの所掌《しょしょう》です。

彼らは竹崎配下であって、言うとおりに動きました。それで「小沢不起訴不当」とか「検察審査会による強制起訴」とかの穢《きたな》らしくワケのわからない攻撃を仕掛けた。裁判官のくせに、違法行為をたくさんやった。私はこの竹崎博允だけは絶対に許さないと、固く決めています。

検察審査会による小沢一郎の「強制起訴」には、仙谷由人《せんごくよしと》や江田五月《えださつき》が関与していた。

竹崎と江田は裁判官の同期のはずです。江田五月も最後は馬脚を露《あらわ》して本当にアメリカの手先そのものでした。この仙谷や江田や菅直人を育てた男が一人いる。「シリウスの会」というのがあって、そこに安東仁兵衛《あんどうじんべえ》（1927〜1998年）という人がいました。

佐藤　共産党を除名になった安東仁兵衛ですね。

副島　そうです。安東仁兵衛は「アンジン」と呼ばれていました。アンジンがずっと野党勢力の中で暗躍していた。安東仁兵衛が「構造改革派」という言葉もつくりました。修正主義的社会主義のことでしょう。

本当は「社会改良主義《かいりょう》」と言うべきでした。革命は起きない、とわかった段階での左翼たちの現実に合わせた撤退意識です。これはこれで意味があった。ところがどうも裏でアメリカとつながった。

仙谷とツーカーだった菅直人もシリウスの会です。そのシリウスの会は、社会党右派や民社党と並んで、やがてアメリカに操られていきました。ジェラルド・カーティスという男が操った。

カーティスはコロンビア大学教授です。学問上の業績はありません。このジェラルド・カーティスが、首相だった菅直人の家庭教師となって、あれこれ指示を出していました。

佐藤　結局、今の安倍政権は、菅政権のときに決めたことを、やっているのです。「アメリカが教えたとおりにやれ」みたいな感じでやっている。消費税もＴＰＰも、全部、民主党政権のときに決まったことです。

鳩山政権になってギクシャクした日米関係が、菅政権のときに、抜本的に改善しました。それはなぜかというと、アメリカによる「ビンラディン殺し」（２０１１年5月2日）を菅政権が支持したからです。世界の首脳で「ビンラディン殺し」を支持したのは、日本とイスラエルだけです。

この点は、意外と注目されていません。あれは、イギリスですら支持しなかったのです。国際法違反ですから。

副島　そうでしょう。米軍特殊部隊をパキスタン政府の許可なしで出撃させて、外国領土で勝手に人殺しをしたのですから、国際法違反です。

佐藤　面白いのは「ビンラディン殺し」への支持は官邸主導だったということです。日本の外務省ですら、「これは認められない」という立場でした。アメリカが国際法違反をしているのは明白だからです。アメリカと血盟関係にあるイギリスでさえ支持しなかった。アメリカは苦しい立場に立たされました。ところが日本が支持した。あれは菅首相の主導です。あれで日米関係が抜本的に改善したのです。

普通はそこまでの決断はできません。菅首相というのは相当、腹が据《す》わった男とアメリカは評価したのです。

副島　なるほど。菅政権は、それほどにアメリカべったりだったということですね。あの「ビンラディン殺し」では、ビンラディンの長男坊、次男坊が殺されました。しかし真実は、ビンラディン自身は、それよりもっと前にアフガニスタンの山岳で死んでいるはずです（2001年12月のトラボラの戦い）。私はそう考えています。

安倍晋三の頭の悪さに官僚もやる気をなくしている

副島　自民党の幹部、親分たちは安倍に抑えつけられて、一人も逆らえない状況になっています。長老たちがいなくなって、自民党の良い部分が残っていません。

佐藤　わかりやすく、公明党政権にでもなればいいのです（笑）。そうすれば、権力の実態がどこまでかが、みんながよくわかるでしょう。

副島　安倍首相は後継ぎを育てる気がない。それぐらいアホなのです。人間を育てられない。どうも稲田朋美が最愛の人で後継ぎみたいですよ。他にいないのです。安倍首相本人が稲田朋美を好きみたいです。

稲田朋美は米国務次官補のヴィクトリア・ヌーランドの日本におけるカウンターパート

です。ヌーランドは大きくはヒラリー派でネオコンです。
安倍家は、おじいちゃんの岸信介のころから統一教会《ユニフィケイション・チャーチ》です。安倍首相の書いた『美しい国』という本のタイトルは、統一教会の初代日本支部長を務めた久保木修己《くぼきおさみ》の遺稿集（『美しい国日本の使命』）と同じです。中身もそのまま使っている。だから安倍たちは勢力としてはっきりしている。ヴィクトリア・ヌーランドも統一教会（世界基準ではムーニー Moonie と言う）です。
もしヒラリーが、「次は日本はあなたでいいわよ」と稲田を認めたら、どういうことになるでしょうか。こうなったら自民党の温和な長老会議も、大酋長会議もへったくれもありません。すべて蹴倒されます。

佐藤　ここまで来ると、安倍さんの反知性主義というのは、すごい力になります。難しいことがわからないのですから。わからないほど強いことないですよ。

副島　お金（国家予算）の数字合わせだけは、役人にやらせればいい。

佐藤　「輪転機を上手に使いなさい」とお札を刷らせているのでしょう。

副島　もう外務省なんか何の力もないでしょう。それでもやはり、世界中に国家情報員を派遣して、それなりの機能は果たしているのでしょうか。

佐藤　結局、上に気に入られないような情報は上げません。それでは情報を持っていっても意味がありませんから。そうなるとそのうちに、面倒くさい話は知らないほうがいいということになっていきます。

副島　重要な世界情報を下が集めて報告（供給《サプライ》）しても、上のほうの需要《デマンド》がないわけですね。本部の本社が機能しない。

佐藤　やはり、上の需要に合わせて供給が生まれます。これぐらい頭の悪い連中を相手にしていると、官僚もやる気をなくすと思います。ちょっとケタが違いますからね。そのうえ、人事にまで、手を突っ込んでくるから怖いですよ。

副島　それでも安倍たちは、アメリカに貢《みつ》ぐ金《かね》のことだけは真剣でしょう。そのワイロで自分の首がつながっているのですからね。

第2章
世界革命を目指すイスラム国の脅威
勃発するテロリズムとアンチセミティズム

イスラム国の実態と世界イスラム革命

イスラム国の目的は日本とヨルダンの分断にあった

副島　2015年1月19日にシリアで「イスラム国」（IS《アイエス》 Islamic State《イスラミック・ステイト》）による日本人2人の人質事件が起きました。前日に、安倍首相がイスラエルのテルアビブでネタニヤフ首相と会談した。その直後でした。脅迫の動画がインターネット上に出ました。

イスラム国側は日本政府に2億ドルという身代金を要求した。その後、要求は二転三転。日本政府はヨルダン政府を窓口にして交渉したとずっと言っていた。

が、1月24日に人質の1人、湯川遥菜《はるな》さんを殺害したとしてイスラム国側から伝えられた。2月1日には、もう1人の後藤健二さんの殺害も伝えられた。今回の事件について、佐藤さんの分析をお聞かせください。

佐藤　まず今回、日本政府がイスラム国との交渉窓口がヨルダンだったことに対して批判的な意見があります。トルコを窓口にすべきだったという意見です。しかしこれはナンセンスな意見です。あの場合はヨルダンしかありませんでした。

いくつも理由があります。まず、シリアの日本大使館というのは、現在はヨルダンで業務をしています。だから、シリアについてはヨルダンの日本大使館がいちばん情報を持っています。

それから、協力体制において、十分な情報を日本政府に出してくれるのは、ヨルダンの情報機関なのですよ。トルコの情報機関は今、どちらを向いているのかよくわかりません。トルコ自体が、イスラム原理主義勢力との間で様子を非常に見ていますから。

ですから今回のこの人質救出オペレーションで、イスラム国の領域で起きた場合というのは、ヨルダンに本部を置くというのが、玄人の間では定石です。トルコに置くべきだったと言っている人たちは、定石を知らないのです。

副島　実際に交渉をしていたのですか。

佐藤　いや、何もしていません（笑）。それは簡単な話で、イスラム国側に交渉の意思がありませんでしたから。

たとえばヨルダン軍パイロット（ムアーズ・カサースベ中尉）の火あぶりの動画が出ましたよね。あれは1月3日だとヨルダン政府は言っています。たぶん嘘はついていないでしょう。ということは、そもそも人質交換する相手が火あぶりに遭《あ》っているわけだから、イスラム国側に交渉する気などないのです。
1月20日の午後に2人の日本人が座らされている動画が出ました。安倍首相が、イスラエルで記者会見をするほぼ直前です。そのとき、2億ドルという身代金を要求しています。しかし1万円札で2億ドル分（約220億円）を、たとえばデパートの紙袋に入れるとしたら、何袋分必要になると思います？

副島　三越の昔の紙袋一つで、1億円と言われていました。自民党の政治家のところに、業者たちがよく持って行った。レンガ（注：現金1000万円の札束を表す隠語）10個が入るので昔は1億円だと言われていました。

佐藤　私は、実際にカネを入れてみたことがあります。だけど、1億円は入りませんでした。今は、三越の紙袋がちょっと小さくなっているせいもあるのですが、だいたい5000万円でした。それに、使用済みの札束か、使用前の札束かでもだいぶ違うのです。
使用済みの札だと、だいたい5000万円です。ですから贈収賄事件のときに、紙袋を一つ渡したといえば、警察は、ほぼ5000万円と認定するわけです。

副島　ワイロの金は使用済みの、番号がバラバラの札束でないといけないのですよね。通し番号がそろっているピン札の束だと、あとで捜査の足がつく。だから古いお札の束をわざと持っていく。

佐藤　そうです。ドル札は少し小さいのですが、500万ドルとすると、400袋になります。重さにすると2トンです。

アメリカ国内では、100ドル札はあまり使われません。国外だけです。だからナンバーがそろわない100ドル札を、三越の袋に400袋分、72時間で集めることは、絶対にできません。

もし、金塊でやり取りするとしても、2億ドル分だと、だいたい5トンです。5トンもの金塊をどうやって受け渡すのでしょうか。ということは、この身代金の要求自体が、まじめな要求ではないということです。引き渡しができないような要求は、要求ではありませんから。

副島　1月17日に、安倍首相がイスラム国対策のため、人道支援という名目で2億ドルを与えると公表した。だからイスラム国がイヤミで同額を要求したのです。

佐藤　彼らの本当の要求はイスラム世界革命です。そのために、自分たちがやろうとしていることは、誰にも手を出せないのだということを示す目的があった。

だから、サジダ・リシャウィ女死刑囚の釈放が、カードで出てきたというのも、行き当たりばったりですよ。それで、ヨルダン側とパイロットとの交換で交渉しているけれども、パイロットをすでに焼き殺しているから、交換する対象がいない。

だから、彼らの目的は何かと言ったら、ヨルダンの中に不安を醸成することです。「ヨルダン政府が、ヨルダン人パイロットを見殺しにして日本人を救おうとしている。これは、ヨルダン王政が日本から資金をもらっているからだ。売国政権だ」というような形で、ヨルダン国民に訴えかけた。

逆にヨルダン政府が、この交渉の仲介を断った場合には、「なんで救われるチャンスがあったのに、日本のために汗をかいてくれなかったのか」ということで、日本国民に対して訴える。こうして日本・ヨルダン間を分断する。だからイスラム国は、最初から破壊しか考えてなかった。

事実、2月13日にはイスラム国に始めから交渉の意思がなかったことを裏付ける記事が出ました。

「人質事件、日本に恥かかせる目的『イスラム国』」

【カイロ＝共同】過激派組織「イスラム国」の英字機関誌「ダビク」の最新号が12日、インターネット上で公開され、同組織による邦人人質事件について「傲慢な日本政府に恥をかかせるのが目的だった」との主張を展開した。

機関誌は巻頭の2ページを割いて事件を取り上げ、千葉市の湯川遥菜さん（42）と仙台市出身の後藤健二さん（47）とする写真も掲載。2億ドル（約235億円）の身代金要求について「（同組織は）金には困っておらず、日本政府が身代金を支払わないことは分かっていた」とした。

安倍晋三首相が2億ドルの人道支援を発表するまで日本は「標的として優先度は高くなかった」とし、支援表明を「軽率な約束」と非難。「日本人は今や戦闘員らの標的だ」と主張した。

（中略）

また、ヨルダン政府を「無謀にもヨルダン軍パイロットの交換を交渉に含めようとして事態を複雑化させた」と批判。パイロット殺害は、米軍主導の空爆でイスラム教徒が死亡していることに対する「報復」とした。

（2015年2月13日付　日本経済新聞）

日本は、なし崩し的に戦争に参加している

副島　今回の事件で、外務省は中東政策を変えたのですか？　日本の対中東外交はずっとアラブ、イスラム諸国寄りでしたよね。産油国からの石油が安定的に欲しいですから。

佐藤　いいえ、２００３年のイラク戦争以降は、アラブ寄りではなくなっていますね。イラク戦争（２００３～２０１２年）では完全に多国籍軍の側に加わっていたわけですから。

今回、安倍首相はイスラエルでの記者会見で、中東への支援金２億ドルは人道支援が目的だと強調していました。しかしそう説明すれば説明するほど、「日本は敵だ」となることに安倍さんは気づかなかった。

それはどういうことかというと、今回のアメリカ側の作戦の１つはドローン（無人航空機）です。ドローンによってテロリストを攻撃する。

ところがテロリスト側はその攻撃のやり方がわかっていますから、周囲に良民をつけて盾代わりにします。

だからテロリストを攻撃すると、必ず民間人の犠牲者が出るのです。良民は巻き添えにされて殺されたらかなわないから、イスラム国の支配地域外に逃げ出そうとします。

それでアメリカ側はもう１つの作戦として、支配地域の周辺に、良民たちが逃げ出してこられる安全な場所をつくるのです。「ここなら安全だ。逃げ出してこい」とやるわけです。日本はその地域に人道支援をしているのです。

今、イスラム国の領域に８００万人がいます。このうち、２００万人が周辺地域に逃げ出してくれれば、イスラム国は瓦解《がかい》するでしょう。「イスラム国への攻撃」と「逃げ出した良民の受け入れ」というのはパッケージなのです。だから日本は、もうすでに戦争に参加している。中立ではないのです。

副島　外務省はそうした方針を表に出さないですね。出せないのでしょうか。それとも官邸（安倍政権）が外務省を引きずり回しているのでしょうか。

佐藤　なし崩しでしょう。今、そういうふうに何となくなっているけど、誰も詰めては考えていないでしょう。

「グローバル・ジハード」論を展開するイスラム国の恐ろしさ

佐藤　イスラム国というのは、今までのアルカイーダと違って、ちゃんとビジネスとして、誘拐や人殺しをやっているのです。あと、石油も採っている。これは非常に重要です。

副島　あの人たちは自立した経済をやっているのですね。

佐藤　今年、いい本が出ました。ロレッタ・ナポリオーニというイタリア人ジャーナリストが書いた『イスラム国　テロリストが国家をつくる時』（村井章子・訳　文藝春秋刊）という本です。彼らは、複式簿記とかを付けて、ビジネスとしてテロをやっていると書いています。

それで要点を引用しましょう。

「イスラム国」がイラクからシリアにまたがる広い地域で国家建設に成功するなら、その事実がもたらす脅威は、単にこの二カ国の政治体制を変えるという以上の意味を持つことになる。近代以降の歴史で初めて、武装組織がテロリズムの最終目的を実現することになるのだ。それは、既存国家の廃墟の中から自分たちの国をつくること、それも、たとえばイランがそうだったように革命によってではなく、昔ながらの征服戦争によって領土を獲得することである。ただし、その戦争で使われるのはテロ戦術だ。もしこれが実現するなら、「イスラム国」は正真正銘のテロリズム国家ということになる。

（前掲書45ページ）

と、いうことです。

いまのところ、これがうまくいっているのは、「アルカイーダは失敗だった」と総括しているということです。あまり組織化をしていないといっても、やはりウサマ・ビンラディンやアイマン・ザワーヒリーの指示で動いている限り、アメリカは犯人を見つけ出して殺すことができた。だから第1世代のアルカイーダは壊滅しているわけです。

副島　アメリカはドローンで各国のアルカイーダの組織を上空から攻撃しました。大幹部たちを狙い撃ちで暗殺した。だから次のイスラム国はこれに耐えられる構造をつくったということですか？

佐藤　そうです。「グローバル・ジハード論」というのを西側諸国で展開して、それに耐えられる構造をつくったのです。

それはこういうことです。

「アルカイーダの第1世代のように組織をつくるな。つくると、必ず捕まえられてしまう。だから、イスラムの国家をつくりたいと思っている同志たちは、組織化をするな。考えに共鳴したならば、3～4人の小さなグループをつくれ。そしてあまりネットも見るな。横の連絡も取るな。

ヨーロッパやアメリカでは、爆弾の本を買うことは合法だ。だからテロ活動について心の中で思っていても罰せられない。行動に賛成しても言論の自由の範囲だ。

そういう社会の隙間を使え。そしてあちこちで小規模のテロをやれ。それが積み重なれば、イスラム世界に関与しているからテロに巻き込まれるのだということで、ヨーロッパやアメリカが中東から退く。あるいは、及び腰になる。

そうなれば、中東の独裁国家は、国全体を支配することができなくなる。隙間ができる。そこに、グローバル・ジハードを起こすための新しい拠点をつくれ」

という論理です。

爆弾は簡単につくれます。圧力釜爆弾とかをつくればいい。それで突然、テロをやれというのです。あるいは人質を取り、カフェテリアとかに立てこもれと言っています。

この前のシドニーのようなテロ（注：オーストラリア・シドニー中心部にあるカフェで2014年12月15日に起きた人質事件。翌16日に治安部隊が突入し犯人は射殺。17人いた人質のうち2人が死亡、警官1人を含む6人が、負傷した）です。

そして、そのとき重要なのは、「党派闘争を重視せよ」ということです。シーア派に対する断固たる党派闘争も展開しながら、権力を握っていく。イスラム圏がみんな仲良くということでは無理だということです。

実際、イスラム国はシリアの油田地帯とイラクの油田地帯に侵攻しました。そして、石油をヨルダンから密輸している。

一方、アメリカは虚勢を張っているのです。シェールガスがあるから、サウジアラビアの原油は今、値段が落ちている。しかし、サウジアラビアも減産に応じない。

これはロシア対策だとか言っていますが、そうではない。ロシアが「ごめんなさい」をしても、今、原油の値段を上げたら、イスラム国に入るカネが増えてしまう。

それだから、イスラム国問題が片付くまでは、サウジアラビアは原油を人為的に減産しない。原油をだぶつかせるような形で安くしていますす。そうしないともたない。

副島　どうもサウジアラビアはアメリカの思うようには動いていません。今年1月にサウジのアブドラ国王（享年90歳）が死去し、サルマン皇太子（79歳）が新しい国王となりました。亡くなったアブドラ国王は自分自身がサラフィーヤ（注：7世紀の創立期のイスラム世界への回帰を目指すサラフィー思想を信奉する人のこと。コーランを唯一の法典とみなし、他の法・宗教・価値観を認めない）だと、はっきり表明していました。彼は強固なサラフィーヤで、イスラム国を応援していた。本心ではアメリカが嫌いだったのでしょう。安倍晋三と一緒です。2人でブツブツ話し込んでいました。

佐藤　しかし、アブドラ国王がまだ生きていて、仮に「イスラム国を認めます」と言ったとしても、今までの行状からして、イスラム国には許してもらえなかったと思います。そんなことを言ったらイスラム国に反対するサウジアラビア人に殺されていたでしょう。

いちばんカギになるのはカタールです。カタールはイスラム国やハマスにみかじめ料を払っていますからね。だから、自分たちだけやられなければいいと考えているでしょう。

中東のこの先というのは、けっこう要注目です。

副島　ところでイスラム国の膨張に対して、アメリカと有志連合《コアリション・オブ・ザ・ウィリング》は空爆だけで倒せるでしょうか。アメリカの好戦派（ジンゴウイスト）とヒラリー系は5万人ぐらいの米軍を出せ、と言い出しています。ところがオバマ大統領たちハト派（穏健派）は、1万人ぐらいの、しかも傭兵部隊《マーシナリー》しか出さないと言っています。せっかく、2012年末にようやくのことでイラクから米軍を全面撤退させたのですから。

佐藤　地上戦までを盛り込むことに、いずれ行くでしょう。でも、そのとき、もしかしたらイランにやらせるかもしれません。

副島　アメリカ政府は米軍の正規兵を出したくない。おそらくペンタゴンの将軍たちも行きたがりません。正規軍を行かせないで、民間軍事会社に組織させた傭兵部隊を行かせるでしょう。南米系やアジア系の出稼ぎ労働者みたいな人たちを雇うでしょう。雇って軍事教練して、現地に連れていくのでしょう。

イスラム原理主義勢力と内ゲバを繰り返すイスラム国

副島　ところで、イスラム国の本拠は、シリアのラッカにあるのですか？

佐藤　そうですね。ただし彼らの本部で、カリフと宣言しているアブ・バクル・アル・バグダディが権力を握っているのかどうかはわかりません。

副島　アレックス・ジョーンズというアメリカ人がいます。彼はネット時代のコンスピラシー・セオリスト（コンスピラシー・セオリーは権力者共同謀議《きょうどうぼうぎ》と訳すべき。×陰謀論）の代表で

ジョン・マケイン上院議員（左から3番目）とバグダディとされる男（左から2番目）
（写真：Alex Jones' PrisonPlanet.com）

す。このアレックス・ジョーンズのサイトに、ジョン・マケイン上院議員（共和党、上院軍事委員長）とバグダディが一緒に写っている画像が掲載されました。ほら、このとおりです。元は「ロシアの声」（注：ロシアの国外向け放送局）から流れ出したらしいです。

この左から2番目の男がバグダディだということになっています。が、本当はこのイラク人の若者たちみんながバグダディだというのです。

佐藤　バグダディとは、「バグダッド出身者」という意味ですね。

副島　2005年から2006年に捕まったイラク兵の捕虜のなかから、見込みのある若者たちを、アメリカの特殊部隊（スペシャル・フォーシーズ。CIAとの合同軍）が、ヨルダンやサウジの米軍秘密基地で育てたのだという話が、アメリカでたくさん出ています。マケインは上院軍事委員長ですからね。アメリカの軍需産業の利益代表みたいな男です。

佐藤　問題は、育ててもそういう連中が思いどおりに動くかどうかです。

副島　2014年6月10日に、イスラム国は突如出現して、モスルを占領しました。10日後にはバグダッドの郊外まで迫りました。イラク政府軍は敗走した。

　イスラム国は最初1万人と言われていましたが、5万人になってしまった。きっと自分たちのネットワークと人脈が世界中にすでにあるのでしょう。

　ああいう連中が、急にイラク北部とシリアに、何の意思で出現したのか。やはりイスラム原理主義《ファンダメンタリズム》運動の内部が分裂している。どうも今のサウジ王国の王族たちに対する憎しみまでも、バグダディたちは持っているのではないか。

佐藤　それは強く持っているでしょう。

副島　私の大まかな理解では、サラフィーヤ（salaphya、salaphe サラフィーたち）は、イスラム教の集団生活運動をする純粋思考の若者たちの復古主義の運動です。だがこれを大きく背後から操作する者たちがいる。

　サラフィーヤにあこがれて世界中のイスラム諸国（インドネシアやマレーシアまで）からやってくる若者たちがいる。あるいは、イギリス、フランス、ドイツで育った移民のイスラム教徒の若者たちが、西欧白人たちからずっと差別されてきたので、イスラム教に突然目覚めて、シリアや北イラクを目指すという行動を取っています。

彼らイスラム教徒の宗教思想は、どのように分裂しているのですか。

佐藤　まずイスラムのスンニ派は4つの法学派に分かれています。ハナフィー法学派、シャーフィイー法学派、マーリキ法学派、ハンバリー法学派です。

そのうち、ハンバリー法学派がイスラム原理主義です。ハンバリー法学派の中の急進派がワッハーブ派で、サウジアラビアの国教です。

副島　ワッハービアといいますね。ワッハービアもサラフィーヤ（復古主義）思想にあこがれて尊重している。エジプトやトルコのムスリム同胞団でさえ、サラフィーヤを認めている。だからこの純粋思考と、暴力的なジハーディスト（聖戦主義者）の区別がなかなか大変です。

佐藤　アッラーの神は一つなので、この地上の秩序をイスラム法一つで治める。それでカリフ帝国という、たった一つの帝国がそこを治める。その国を治めるのはカリフという独裁者、皇帝であるという思想です。

ワッハーブ派のなかの武装闘争派がアルカイーダです。しかしバグダディたちのグループは同じスンニ派であっても、アルカイーダと対立しています。イスラム国の特徴は、アルカイーダと比べて、党派性が非常に強いことです。イスラム国は日本のかつての全共闘、全学連みたいな感じなのです。

すなわち、ウサマ・ビンラディンたちのアルカイーダというのは、打倒する対象というのは異教徒たちだけでした。特にアメリカであり、西側（諸国）です。

ところが、イスラム国の連中というのは、偽《にせ》革命路線をとっている十二イマーム派のシーア派、つまりイランを倒すことも含まれる。十二イマーム派はイランの国教です。あと、イラクのマリキ前政権も十二イマーム派でした。だからイラクのマリキ政権も殲《せん》滅《めっ》しないといけない、とイスラム国は考えたのです。

だから世界革命というのは、同時に、内部に巣食っている反革命勢力をも除去しないといけないということです。つまり、内ゲバの論理を持っている。そこが特徴ですね。

イラクにおいては、マリキ前政権のときに、シーア派への優遇政策が進んでいました。それでクルドに対しても一定の優遇をしました。だけれども、スンニ派に対する締め付けというのは厳しかった。

スンニ派は、サダム・フセイン政権のときの母体でした。だから、今回のこのバグダディたちの運動が大きくなるにしたがって、旧サダム・フセイン政権の軍人たちが入ってきます。それで急速に膨れているという面があります。もともとはお互いに殺し合いをしていたのですが。

副島　アラブ、イスラム教世界（ウンマー・イスラミア。イスラム共同体）の主流はスンニ派です。こちらのほうが正統意識が強い。それに対して、どうもシーア派は差別をされている感じです。

もともとは、シーア派の聖地はアリーが首都に定めたクーファァ（イラク南部）です。しかし今では、イランがシーア派の巨大な地域になっています。その国教がシーア派の中のさらに「十二イマーム派」（12人のイマームを崇拝する）ということですね。

やはり、十二イマーム派がカギを握っているのですか。

佐藤　そうです。十二イマーム派がカギを握っています。それはやはりイランの核開発という問題です。また、十二イマーム派は基本的に少数派ですから、嘘をつきます。敵の前で嘘をついてもかまわないという感じです。

副島　イランの核開発停止（核抜きのジュネーブ合意）の話し合いが中東世界でいちばん大事なことです。2015年7月に合意するでしょう。オバマ政権にとって最大の外交目標だ。イスラエルのネタニヤフ政権が、イランと西側（5大国＋《プラス》ドイツ）によるこの核合意をものすごく嫌っている。私の考えでは、イランが密かに核を持ち、イスラエルの核兵器と一発ずつ撃ち合うのが今後の最悪のシナリオです。

アルカイーダは国際義勇軍で、イスラム国は傭兵部隊

佐藤　さきほど説明した「グローバル・ジハード」論というのは、かつてのコミンテルンのやり方に似ていると思います。スターリンが権力を掌握する前のコミンテルンです。要するに世界イスラム革命をやるための拠点国家をつくるという考えです。

副島　そのように考えると、日本のインテリ層にはよく理解できます。イスラム国のジハーディスト運動というのは、暴力革命路線を持った世界共産主義者の運動と同じようなものですね。多民族の連合体として、それぞれの国の代表者、労働者運動の代表者を集めるというような考えでしょうか。

佐藤　ええ。そうでしょう。ただ、国家というものをもはや認めていない。何となく自発的にみんな来ればいいという感じです。そこがアルカイーダとの違いです。

副島　アルカイーダをつくったのはどうもアメリカです。１９７９年からの第２次アフガン戦争で、ソビエト軍がアフガニスタンを占領しました。このときにズビグネフ・ブレジンスキーという戦略家がアルカイーダ（基地）という考えを、アラブ人たちに教えました。

アルカイーダは、おそらく国際義勇軍だと私は思います。あれは、ジュネーブ条約

Geneva four Conventions《ジェノーヴァ・フォー・コンベンションズ》とハーグ陸戦協定に合致した義勇兵です。

アルカイーダまでは、アラブ世界の国際義勇軍すなわちボランティーア（義勇兵）たちという体裁を取っているはずです。国連（正しくは連合諸国《ユナイテッド・ネイション》 The U.N.）に届けを出して、司令官がいて、部隊の旗で動くことが必要だ。

だが今回のイスラム国の、あの狂信的な戦闘員たちは、傭兵部隊《マーシナリー》だと、考えるべきでしょう。カネで雇われてきた、サラフィーヤの若者たちです。これからの世界中の戦争は、傭兵部隊がやる。各国の正規軍による交戦というのは起きにくくなっています。

佐藤　第2世代までのアルカイーダは「イスラムはみな味方」という考えでした。それに対して第3世代であるイスラム国は「スンニ派だけが本物で、イランのシーア派は偽物だ。だから、シーア派を皆殺しにしろ」ということで、皆殺し作戦を展開しています。

ただ、中東地域では殺しあっていますが、ヨーロッパとかアメリカでのアルカイーダ応援団とイスラム国応援団は、一体です。ですから外に出ると関係がないのですよ。

副島　イスラム国とアルカイーダが内ゲバをやっていることを、真剣なまなざしでじっと見ている、ものすごい数の各国のイスラム教徒たちがいます。彼らからすれば、そういう内部抗争はやめるべきだ、という意味ですね。

イギリス、フランス、ドイツからも、500人、1000人単位で、自分が育ったドイツ語、フランス語、イギリス語をしゃべるアラブ人たちがたくさんいるわけです。その中の不満分子というか、自分の魂が揺さぶられるイスラム教への目覚めが暴力路線、過激路線を取るイスラム国の運動に賛同していくわけですね。

佐藤　かつての日本の学生運動でいうと、三派《さんぱ》系全学連も、中に入れば中核派とブントと社青同解放派は仲が悪かった。お互い小突き合いぐらいしたものです。

ところが、シンパとして集まっている周辺の人間たちからすれば、三派系全学連は、革マル派や日共《にっきょう》の全学連とは違う、という形で、なんとなく同じように広く支援していた。ああいう感じでしょうね。

副島　佐藤さんもよく知っていますね。私も実はよーく知っていますよ、あの頃のことは。一時は八派連合でまとまりました。1969年の東大闘争の時は八派で集まった。それぞれの党派（セクト）が東大内の建物をそれぞれ占拠しました。そして警察・機動隊と対決した。最後には全員逮捕されましたが。

激論で殴り合いぐらいはするけれども、それ以上はやりませんでした。だから、大きな意味での共同路線と連帯感はありました。

同じ新左翼《しんさよく》（過激派）でも革マル派だけが異端でした。革マル派というのは、非常に悪質な集団でした。他のすべての党派が警察に潰されたあと、自分たちが全国の学生運動を乗っ取るという路線を出した。ですから東大闘争の時も、機動隊導入の前夜に逃亡しました。そういう連中です。

ただし私は、あの世代より5歳下ですから少年兵みたいなものでした。どこの党派にも入っていません。地方出身者でしたしね。

私が早稲田大学に入る半年前ですが、早稲田大学で1972年11月に川口大三郎という学生が殺されて、死体が病院の前に置き去りにされた事件がありました。その直後から、普通の学生たちが騒ぎ出した。その前までは革マル派の精鋭部隊が早稲田には500人いたのですが、厳しく糾弾されてボロボロに崩れていきました。

佐藤　でも、やはり革マル派（革共同《かくきょうどう》）か民青《みんせい》（共産党）が自治会を握っていたわけですよね。

副島　握ったといっても、それぞれの学部で活動家は20～30人ずつしかいませんでした。たいした勢力ではなかった。それでも、早稲田大学が全国の本拠地で、自治会を形の上で支配していた。早稲田大学側が強請《ゆす》られて革マル派にお金を出していたみたいです。

私は早稲田大学法学部で、日本共産党の学生組織である民青が支配していたから無事に大学を卒業できました。私のことを早稲田大学だから、きっと革マル派だと言いふらす人たちがいます。自分の名誉のために言っておきますが、私は反革マル派です。でも広い世の中から見たらどうでもいいことでしょうね（笑）。

佐藤さんは同志社大学の黒ヘルでしたね。

佐藤　そうです。端のほうにいるシンパでした。

副島　黒ヘルというのは、どこの党派（セクト）にも所属していないノンセクトラジカルと呼ばれた人々ですね。私もそういえばそうで、吉本隆明《よしもとたかあき》の本をずっと読んでいただけです。吉本隆明は〝過激派の教祖〟と呼ばれた思想家です。私は過激派の新左翼運動の片鱗を体で知っていますから、そういうことは、臭《にお》いでだいたい分類できる（笑）。

佐藤　そのへんの雰囲気を知っている人たちは、今のイスラム国の様子を見ても、わかるわけですね。イスラム国は、本当に、革マル派みたいに党派闘争を重視するわけです。

副島　そうか。イスラム国は革マル派か。だったら、殲滅《せんめつ》しなければいけませんね。他の党派はもっと穏やかで人間味がありましたから。

やはり自分に近い者に対する憎しみが、いちばん深い憎しみになるのでしょう。

佐藤　ですから、アルカイーダとぶつかっていくわけです。

副島　シリアの自由《フリー》シリア軍（シリア反政府軍）ともぶつかるわけだ。

佐藤　あちこちと党派闘争ばかりやっています。

副島　最近、シリアのアルヌスラ戦線の正体はイスラム国であることがはっきりしてきました。だから、オバマの優れた判断があって、彼らに米軍の兵器を渡さなくてよかった。

世の中の大人の目から大きく見たら、結局、このイスラム国の若者たちは騙されて運動に参加して殺されていくのだ、と言わざるを得ません。かつての自分を見ているようで身につまされます。世界体制を敵に回して戦うと宣言したわけですから。西側同盟（欧米社会）が彼らを許すわけがない。

しかし彼らの残党は生き残るし、イスラム教世界18億人の中にずっと魂が生き残ってゆくのでしょう。思想（イデー）というのは恐ろしいものです。

イスラム国は千年王国になり得る

佐藤　イスラム国がこれからどうなるか。私は3つの可能性があると思います。

1つ目はイスラム国が勝利する。私も副島さんもイスラム教徒になって、酒を飲むのをやめて、モスクには通わないまでも、ひげぐらい生やすことになる（笑）。

2つ目は、イスラム国が解体される。

そして3つ目は、イスラム国のソビエト化ではないか、と私は思っているのです。

ボルシェビキはロシア革命が起きたあと、最初は世界革命を本気でやろうとしていた。ところがドイツでも、ハンガリーでも、中国でも革命ができなかった。だから作戦を変更して「拠点国家としてのソビエト」と「ソビエトのコミンテルンによる世界革命の工作」の２本立てにしました。

それで、当面は、拠点国家としてのソビエトを残しつつ、国家間関係を維持し、「革命の輸出はしない。国際法は守る」とした。しかしその裏ではコミンテルンを使って、「弱い環」があったら、その国で革命を起こそうと工作しました。

戦後になってもその構図は基本的に続きました。「弱い環」であるキューバ、アンゴラ、南イエメン、アフガニスタンで革命をやろうとしました。

イスラム国も同じように中東で拠点国家をつくり、その一方で、イスラム世界革命を実行するためにコミンテルンのような工作活動を行なっていくというシナリオです。

スターリン主義のソ連でさえも80年続きました。イスラム教みたいに、少し根っこがある宗教であれば、千年王国になり得ます。国際情勢は、非常に不安定になります。

副島　今の状況が続いていくということですか。

佐藤　ええ。だからこのへんは難しいところなのです。西側同盟というのを手放しで支持するわけにはいきません。

しかし、このイスラム国の人たちがわれわれのところに全部入ってくるのは、よくないですからね。副島さんたちのようなリバータリアンは生きていく場所がなくなります。

激突する西側社会とイスラム圏の背後にあるもの

インターネットでつながる21世紀型コミンテルンの恐怖

佐藤　イスラム原理主義の問題でいえば、２０１５年1月7日にパリで、仏政治週刊紙「シャルリー・エブド」の銃撃事件が起きました。この事件でイスラム原理主義者の兄弟によって、漫画家や警官など12人が殺害されました。

この事件翌日の1月8日に、イギリスの保安局ＭＩ５《エムアイファイブ》（Military Intelligence Section 5　軍情報部第5課）のアンドリュー・パーカー長官が珍しく記者会見を行ない、「7日にパリで起きたのと同じような事件が、近未来にイギリスで起きる」と発言しました。日本語の記事ではロイターにだけ出ています。

「シリアのアルカイダ系組織、欧米で無差別攻撃計画＝英MI5長官」

【ロンドン　8日　ロイター】英情報局保安部（MI5）のパーカー長官は8日、シリアのイスラム過激派組織が欧米で無差別攻撃を計画していると述べた。交通機関や「象徴的な」場所が狙われる可能性があるとしている。

7日にパリで12人が死亡する襲撃事件が起きたことを踏まえ、英国でも同様な事件が起こる可能性が高いと指摘。

「シリアのアルカイダ系グループが、西側に対する無差別的攻撃を計画している」と述べた。

（2015年1月9日　ロイター）

佐藤　MI5の長官が会見に出てくるのは非常に珍しいことです。これはもう完全に具体的な情報を持っているということです。それでシリアに拠点を置くイスラム原理主義集団が今、世界的な形で動こうとしているということまで会見で言っていました。

副島　「シャルリー・エブド」紙の実行犯たちは、単なるサラフィーヤとは違うのですか。

佐藤　違うと思います。今回の事件の犯人たちは武装のレベルが違いますから。重武装です。しかもその訓練をきちんと受けている。

副島　確実に一人ずつ撃ち殺していますね。あれはプロの手口です。

佐藤　そう。それから今回は、実行犯たちが死ぬ前にきちんとテレビの電話インタビューで「イスラム国に行ったことがない」と答えていました。カネをいくら受け取ったとか、追跡してみろ、とも言っていた。発言の裏を取れば、言ったとおりの事実が全部出てくるという形で、「われわれのネットワークを軽く見るなよ」と宣言しているのです。

副島　緩やかな、しかし根っこの深い横のつながりが出来上がっているということですね。

佐藤　そうです。きっと1920年代のコミンテルンに対する恐怖感は、こういうものだったと思います。細胞方式でどこに司令塔があるのかよくわからない。

副島　当時、日本の内務省特高《とっこう》警察は、コミンテルンを「国際共産党」と訳して最高度の犯罪組織として研究していました。

佐藤　かつてのコミンテルンも横の連絡を断っているから、連絡員は何重もの形で来ていました。それで何月何日に何をやれという明確な指示はないわけです。細胞という形で、クォーター化していました。

ソビエトも最初は、自分たちは国家ではなく同盟だという言い方をしていました。そのソビエト型のシステムに、インターネットがプラスされたのが今のイスラム国です。

ソビエトは結局のところ、自らのそうした着想を担保するテクノロジーがなかったから、最終的には同盟から国家になっていきました。それで資本主義国と大して変わらない国家になってしまった。

今度のイスラム国の場合、インターネットというテクノロジーを持っています。それで今、従来のネイション・ステイトとは別の形の国家形態というのが生まれつつある。

副島　「国家を超える組織」というのが今回のキーワードですね。イスラム国は世界組織をつくろうとしている。

「ウンマー・イスラミア」という言葉があります。イスラム共同体と訳します。あれはイスラム国家を超えた大きな共同体です。アメリカ合衆国のような50の州の連邦制（コンフェデレイション）でもない。

ＥＵ《イーユー》は本当はヨーロッパ連合ではなくて、ヨーロピアン・ユニオンですから、ヨーロッパ同盟《ユニオン》です。日本に来ているＥＵ代表は、そのように日本側に要求しました。ところが、日本側（政府とメディア）は「連合」のままで訳しています。おかしな話です。

だからウンマー・イスラミアはヨーロッパ諸国同盟《ユニオン》とも違う。もっと大きな共同体ですね。イスラム教圏《ゾーン》の単なる国家同盟《アライアンス》などを超えている。

ウンマー・イスラミアは、アフリカ西部のモロッコから、東アジア、インドネシアぐらいまでずっと広がっている。ウンマー・イスラミア（イスラム共同体）というのは、別名はイスラム帝国だと私は思います。その建設運動ですね。

佐藤　そうですね。だからウンマー（共同体）と国家が一体となっていく、というような発想でしょうね。力によって普遍主義的に世界を一元化するということです。だから、キリスト教でいえばイエズス会のドクトリンと形は似ています。

それから地理上だけではなくて、目に見えないネットワークで広がっています。だからこの今の日本に居ても「イスラムの館」であると言えます。イスラム教徒が、一人でもいればイスラムの館ですから。だから、日本もイスラムの館なのです。

今の市民社会法の枠の中だと、たとえ心の中で人殺しを考えても、考えるだけなら問題はありません。西側の心の中の自由というのを最大限に活用する形で、イスラムの館をつくるということをやっているわけです。これは相当、ボディーブローになっていると思います。

ヨーロッパで湧き起こるアラブ人への排斥感情・アンチセミティズム

佐藤　この「シャルリー・エブド」紙襲撃事件を受け、1月11日には大規模追悼デモがパリで行なわれました。集会に集まったのは、パリだけで160万人と言われています。

副島　世界各国から50人の大統領や首相がデモに参加していました。デモ参加者はフランス全土で350万人ということでした。

佐藤　全土で350万人というのは、フランス人十何人に一人ということですね。皮膚感覚で言えば、ほとんどみんなということです。ということは、それだけの人間が「ムスリムは出ていけ」と言っているのです。

口先では「ムスリムやアラブ人を排除してはいけない」と言っていますが、実際は「出ていけ」と言っているわけです。あの程度のテロというのは、脅威としては大したものではありません。それよりは、頭のおかしいヤツが街中で何かを仕出かす脅威のほうが高いのです。

今のところは、それこそ街を歩いていてレンガが落ちてきて死ぬぐらいの危険性でしょう。風呂で溺《おぼ》れて死ぬ人間のほうがずっと多いはずです。ただそれと皮膚感覚は違いますからね。

このあとアンチセミティズム（Antisemitism）が出てくると思います。アンチセミティズムというと、「反ユダヤ主義」と思われていますが、アラブ民族への差別感情もアンチセミティズムです。

副島　アラブ人種も、ユダヤ人も同じセム族（Semite《セマイト》）ですからね。

佐藤　だから今、ヨーロッパで起きていることは、実は、ちょっと形を変えたアンチセミティズムだと思います。

副島　つまりヨーロッパでかつてのユダヤ人排斥と同じように、アラブ人、イスラム教徒排斥が起きている、ということですね。アンチセミティズム以外には、この場合の中東人嫌いを表すコトバは、他にないですからね。

佐藤　今のヨーロッパを見る場合に、このアンチセミティズム問題は、意外とポイントになると思います。

　今、イギリスは、イスラム国から戻ってくる人間たちから、イギリス国籍を取り上げて入れないという形にしています。これは、もう決定的な排外主義です。それからMI5の長官が「7日にパリで起きたのと同じような事件が、近未来《きん》にイギリスで起きる」と言うこと自体が大変な話です。

副島　イギリスは、もうEUから抜けるかもしれませんね。

佐藤　EUとの国境を維持していると、それこそどんどん移民が入ってきますからね。英仏トンネルを止めるかもしれません。

副島　シェンゲン協定（注：ヨーロッパのEU参加国家間においては国境で人々を検査しないこと）を廃止して国境線の鉄道や道路で、検査官がパスポートをチェックするようになるということですね。

佐藤　EUの中にいて、人の動きがあって、そこからテロが入ってくるというのだったら、人の動きを止めるというのがイギリス人の発想です。だからテロ対策という観点から、人の動きを止めるかもしれません。その代わりイギリス人は、汚いことはアイルランド人にやらせればいいと思っているかもしれません。

イギリス人には、伝統的なそういう感覚があります。いくらアイルランド共和国との関係が悪くても、アイルランドから経済的な理由で経済難民が来ますからね。

副島　ロンドンにも、アイリッシュ（アイルランド人）はいっぱい暮らしています。

佐藤　アイルランドは、ＥＵのメンバーですが、本当にユーロから抜けて、アイリッシュ・ポンドに戻すか、英ポンドに入るかするのではないか。通貨の形での変動があると思いますよ。

副島　アイルランドをＥＵがいじめたら、イギリスと組むかもしれませんね。ただしアイルランドのイギリスに対する歴史的な憎しみもありますから。日本と朝鮮半島の関係と似ています。

反移民の右翼政党がイギリスで支持されている

副島　今のヨーロッパ諸国は「これ以上、移民は入ってこないでくれ」という感情が支配しています。反移民の思想です。もう彼ら移民に福祉はあげられない。貧しい人たちがどんどん流れ込んでくるのは困ると言っています。イスラム教徒、アラブ人、アジア系、アフリカ系は入ってくるな、ということです。

佐藤　みんなで住み分けようということですね。

副島　それがイギリスではっきり出ています。イギリス独立党（ＵＫＩＰ《ユーキップ》　ＵＫ《ユーケイ》 Independence Party《インディペンデント・パーティ》）という右翼の政党が伸びています。ＥＵ議会選挙では、イギリス代議員で第一党となりました。今年5月8日の総選挙では、スコットランド民族党（ＳＮＰ《エスエヌピー》）が10%ぐらい取りました。

ユーキップのナイジェル・ファラージュという党首は反移民を公言して、「もうこれ以上、外国人への福祉はやるべきではない。出て行ってくれ」と言っています。

このイギリス独立党が、これまでの保守党支持のイギリス国民の票を取って、保守党との連立政権になりそうだ。デイヴィッド・キャメロン首相自身がさらに右翼化していて、ＥＵから脱退するとか、ＥＵの言うことを聞かないと言うだろう。

佐藤　労働党はどんな感じなのですか。

副島　イギリス労働党は、3割の議席は確実に取ります。でも、政権を取る気はありません。今の不景気では政策担当者としては何もできないですからね。連立政権で合わせて議員の55％は持っていないと政権はつくれません。

佐藤　自由民主党は昔の自由党で、一時、社会民主党とアライアンス（連合）を組んでいましたね。

副島　今もそうですよ。もう10人ぐらいしかいない。

佐藤　でも、イギリスでいちばん、インテリが多いですよね。

副島　そうです。かつてのイギリス自由《リベラルパーティ》党ですから。ニック・クレッグ党首というのは、ものすごく頭が良くて立派な男です。アメリカに対しても言いたいことを言います。ジョン・メイナード・ケインズたちもイギリスのインテリ層は、みんな自由党でしたから。

佐藤　昔言っていた、「トーリー（党）とホイッグ（党）」の、ホイッグ（党）ですからね。

副島　そうです。イギリスではホイッグの伝統が消滅しかかっているということです。ヨーロッパ全体が移民排斥で右翼化しています。イギリスの場合は「パキ」と言って、特にパキスタン人を嫌います。「出て行け」みたいな感じです。

佐藤　イギリスではパキスタン人には、悪いヤツが多いというイメージが強いですから。

副島　まあ、犯罪を犯す人が多いのでしょう。そういうふうに言われますね。

大きく捉《とら》えたら、今でも「文明間《かん》の衝突」という大きな構図ですね。サミュエル・ハンティントンが1996年に‘The Clash of Civilizations and the Remaking of World

Order'という本で主張しました。'the clash of Civilizations《ザ・クラッシュ・オブ・シヴィライゼーションズ》' ですから、文明間の衝突です。日本ではこの本を『文明の衝突』と訳して意味が不明になりがちでした。

これは、ジュディオ・クリスチャニティ、即ちユダヤ＝キリスト教徒と、イスラム教徒の少なくとも十字軍ぐらいからの一千年間の、骨肉がらみの戦いだ、とするコトバです。日本人には、なかなかわからない面があります。ユダヤ＝キリスト文明圏 対 イスラム文明圏の対立がどうしてもあるという大きな考えです。

それでイラク戦争のとき（２００３年）にジョージ・ブッシュが「自分たちは十字軍だ」とぺろっと言った。それであとで「それは言うな」と言われました。

キリスト教徒がイスラム世界を制圧する十字軍 crusaders《クルーセイダーズ》だと言ってしまったのです。だからあのときは、ポール・ウォルフォウィッツとリチャード・パールなどのネオコン知識人が、中東アラブ世界全体を思想改造しようと計画した。

それで２００３年3月20日のバグダッド爆撃からすぐにバグダッドを占領した。その２年前にアフガニスタンに進駐しています。これらのイスラム原理主義の地帯全部を一気に征服、鎮圧しようとした。

これを、「ソシアル・エンジニアリング」と言います。アラブ人、イスラム教徒全体を思考変更させようとした。中東全体を改造しようとした。敗戦後の日本で思考改造《ソシアル・エンジニアリング》

（洗脳）がうまくいった。だから同じことを中東でもやろうとしたのです。

ところが、これはうまくいきませんでした。イスラム教は頑強です。その2、3年後にネオコン派がアメリカ政界で退潮していきました。

ところが再びネオコン派は、今度はヒラリーたちと合体して動き出している。それが今のアメリカ政治です。もう1回、中東で戦争をするでしょう。

日本人のイスラム研究は大川周明が出発点

佐藤　ところで副島さんの学問道場では、イスラム原理主義について、どのような研究をされているのですか。

副島　そんな大それたことはまだできていません。余裕のない在野《ざいや》の私塾にすぎませんから。やはり日本人にとってのイスラム研究は、大川周明《おおかわしゅうめい》（思想家。1886～1957年）でしょう。

佐藤　私もそう思います。大川周明のところに井筒俊彦《いづつとしひこ》（イスラム学者。1914～1993年）さんもいたわけですし。

副島　井筒俊彦さんは『コーラン』（クルアーン）の翻訳（1958年　岩波文庫　岩波書店刊）

をやったあと、テヘランに長くいて、エラノス会議という世界的天才たちだけが集まる会議のメンバーでした。彼はシーア派ということになります。

佐藤　蒲生礼一《がもうれいいち》（イスラム学者。1901〜1977年）さんもシーア派研究者です。

副島　日本人のイスラム研究は、大川周明に戻るべきだと思います。そこに出発点と根っこがあるから、その上に生やさなければいけないと思います。

大川周明（日本のファシズム思想の唱道者。極東軍事裁判で、思考力喪失で免訴）が、なぜイスラム研究をやったかと言いますと、やはり大東亜共栄圏《だいとうあきょうえいけん》（イギリスから、中国とインドを日本が奪い取る計画）の戦略に従い、バグダッドまで来ていたドイツ軍に行き着こうとしたからです。

陸軍中野学校の兵《つわもの》たちが馬を引き連れて、少人数でタクラマカン砂漠、天山山脈を越えて、中央アジアを抜けて、バグダッドまで行き着こうとした。しかし途中ですべてイギリス軍のグルカ兵たちに捕まって処刑され、バグダッドに到達しませんでした。当時の中央アジア一帯はオスマン・トルコの力でイスラム教徒たちが反ソビエトの独立運動をしていました。

佐藤　大川周明の『回教概論』（1942年）は、本当にいい本です。それから、『復興亜細亜の諸問題』（1922年）ですね。中央アジアに焦点を当てていました。エジプトにも焦点を当てていますね。

副島　また、サイイド・クトゥブ（1906〜1966年）という人が大事らしいですね。この人がイスラム原理主義をつくった。エジプトの国務省に勤務していて、コロラド大学に留学し、アメリカの強欲な資本主義の堕落を見てショックを受け、イスラム神学をもう1回勉強し直したという人物です。

やはりエジプトがイスラム世界の中で理論水準が高いようです。イスラム世界と西洋世界の玄関口はエジプトですから。

佐藤　そうでしょうね。

メディアに跋扈するイスラム研究者の裏側

佐藤　イスラム国に話を戻すと、昨年、イスラム国に戦闘員として加わろうとした北海道大学の男子学生がいて、公安警察から事情聴取を受けたという事件がありました。

ああいう、ちょっと心身が疲れている若い人に対して、「死に場所だったら俺が教えてやるぜ」というようなことを、知識人がやったらダメですよね。

副島　それをやった人が同志社大学元教授の中田考《なかたこう》氏だ。彼が渡航支援を行なったと発言していいます。10年くらい前に私は、中田氏から何回か手紙をもらいました。が、「私たちに近寄らないでください」とお断りしました。

佐藤　それは賢明でした。

副島　中田考氏はイスラム研究を長年やっていて、私のところに、分厚い研究書も送ってきました。鈴木規夫《すずきのりお》さんという愛知大学でイスラム政治学もやっている先生が、私に電話で助言してくれました。どうも中田考氏は、死ぬことがいちばん素晴らしいことだと思っているイスラム教徒のようです。

「早く死にたい」というのが、彼の本当の思想でしょう。paradise《パラディス》とイスラム教徒は言います。天国のことをイスラム教徒はヘブン heaven とは言わない。彼らはすぐにでもパラディス paradise に行きたいのです。

佐藤　それは昔の隠れキリシタンの「はらいそ」に行きたいみたいな感じですね。個人でそれをやるのは自由ですよ。ただ他人を巻き込むな、という話です。

副島　中田氏が北大の学生を、リクルートしていたようですね。

佐藤　おっしゃるように、明らかにリクルートです。学校 school という言葉は「暇」から来ています。それと一緒で、ああいう運動は、暇な人がやるのです。少し暇なヤツが危ない。それと、誰かスポンサーがいて食わしてくれるとか、そういう人ですね。

マルクスが、「プロイセン王国と社会改革」という論文を若い頃に書いています。貧困だとか、極度に大変な状況にいるときは、革命運動をやる余裕がないのです。

極度にひどいことになると、日々の生活に追われて、その先へ行かないのですよ。そんな爆発をする余裕ないのです。だから少し生活に余裕が出てきたときに爆発が起きるのです。

いずれにせよ、世の中には今の体制で満足しない人というのは必ずいます。気に食わないヤツを皆殺しにして、世の中を自分たちの思うようにしたいと思う人間は、日本の一億二千何百万人の中にも、何十人かいるわけです。誰かを殺してみたいから、中学生のときから斧《おの》を買っていたとかいう人もいます。

そこにイデオロギーが出てくると、そういう人たちに、正当性を与えて運動になる危険性が常にあります。

極秘情報を日本に発信しているイランラジオ

佐藤 最近、イランラジオ（ＩＲＩＢ国際放送ラジオ日本語）が、「イスラム国メンバーの日本人がイラクで逮捕された」と伝えていました。イランラジオは、国際ラジオ放送ですが、インターネットサイトも開設しています。そこで記事も読めます。

「イラクで、多数の日本人がテロ組織ISISに協力」

イラクで、40名以上の日本人がテロ組織ISISのメンバーとして活動しており、このうちの一部がイラクの首都バグダッド北方のディヤーラ県と、サラーフッディン県で逮捕されたことが明らかになりました。

イラクのテレビ局・スメリアニュースが、匿名の治安筋の話として伝えたところによりますと、「日本人テロリストは、北部ニーナワー県、ディヤーラ県とサラーフッディン県、そしてキルクーク県南部と西部で活動している」ということです。

この治安筋はまた、「イラク軍は、サラーフッディン県の町バイジやディヤーラ県で複数の作戦を実施し、日本人テロリスト数名を逮捕した」としました。

これらの日本人テロリストは調べに対し、空路でイラクにやって来たことを認めています。

この治安筋はさらに、「およそ4000人の外国人テロリストがISISと協力しており、彼らは陸路或いは空路でイラクに入国している」としました。

イギリスの新聞タイムズは最近、「日本人が、ISISに加わろうとしてシリアやイラクにやって来る理由は、収入の獲得や冒険を体験することである」と報じています。

（2014年11月18日　イランラジオのサイトから）

佐藤　最近、イランラジオがすごく充実しています。インテリジェンス的に、レベルの高い情報が多いのです。今、日本とイランの間で、インテリジェンス協力ができていないからです。だから、イランラジオが日本語放送で伝えてくるのです。

具体的に逮捕された場所も伝えています。これはたぶん日本政府に「きちんと調べてごらん」というメッセージを送っているのだと思います。

副島　さすが佐藤さんは年季の入った国家情報官ですね。普通の人とは外国情報の取り方、接し方において、プロ（プロウ）の技を見せますね。

ヨーロッパからも、イスラム国に4000人ぐらい行っているといいますからね。

佐藤　このイランラジオの記事はインテリジェンスの極秘情報ですよ。それを国際ラジオという形で、しかも日本語の記事にして流している。日本人は、きちんと情報を拾わないだろうから、わざわざ日本語にして発信しているのです。

副島　私の見方では、イラン政府の最高情報は、テヘランにある三井物産が握っています。私の大学時代の友だちが2人、三井物産に行ったから知っています。

あの頃はバンダル・ホメイニ計画（天然ガスプラント建設）で三井物産は意気揚々としていました。ところが1980年からのイラン・イラク戦争でダメになって現地は廃墟になったようです。それでもイラン政府は長い三井物産との信頼関係を保っている。アングロ・イラニアン石油以来の三井＝ロスチャイルド系の太いパイプを持っている。

三井物産のような大きな会社でも、やはり国税庁が怖いのです。財界人も大企業も政治家たちも、財務省の建物の5階にある国税庁が怖い。査察で、マルサがドッと来たら、ものすごく怖い。だから日本政府に頼まれたら情報を渡すようです。

イラン人はあきらかに帝国主義的な発想を持っている

副島　イラン人とは何者か、日本人にはちっとも理解できません。私は今もシーア派とスンニ派の違いが分かりません。

なぜかイラン人は誉《ほこ》り高くて、すごく威張っていますね。自分たちの国を最高知識の国家だと思っています。

佐藤　イランはイスラム原理主義国家というだけではありません。イラン人は自分たちをペルシャ帝国の末裔《まつえい》と思っているのです。イラン人はあきらかに、帝国主義的な発想を持っています。

副島　イーランというのはアーリア人（白人系）という意味ですね。でも私としてはペルシャ（人）というコトバに戻してほしい。きっとペルシャ高原から馬に乗ってドドとバクダッドまで駆け降りて何度もアラブ人たちを制圧したのでしょう。

大哲学者のヘーゲルが「高地アジア（イランのこと）の本質は熱狂である」と『歴史哲学講義』（1822、23年　岩波文庫　上下巻）に書いていました。

中国の歴史も、馬がまるで戦闘爆撃機のような時代が15世紀まであって匈奴《きょうど》（フンヌー）やモンゴルや満州人が北からドドドと攻め降りてきたのでしょう。世界史というものを大きく理解するには、この馬によるドドドが大事だと思います。

アメリカは、イランと北朝鮮を一緒に名指しして、rogue nations《ロウグ・ネイションズ》（ならず者国家）と呼びました。この2つの国はアメリカになかなか屈服しません。

佐藤　確かにイランと北朝鮮はよく似ています。

副島　でも、イランは西側のトルコと仲がいいようです。陸路でどんどん、イランからトルコ経由でヨーロッパにトラックが出ているようです。

佐藤　それは地政学的に加え、戦略的に反アラブということなのです。

副島　そうでしょう。イラン人もトルコ人もアラブ人 The Arabs《ジ・アラブズ》ではないですからね。

佐藤　もともと、ユダヤ人とペルシャ人とトルコ人は、反アラブということで仲がいいのです。イランの秘密警察が強いのは、もともとはイスラエルが仕込んだわけですから。

副島　パーレビ国王《シャー》の前はモサデグ革命（1951〜1953年）です。モサデク博士（首相）が石油を国有化してしまいました。

でも、あれも、イギリスの石油会社を民衆の熱狂に支持されて国有化したあと、アメリカに渡されてしまった。イギリス資本のブリティッシュ・ペトロリアム（BP《ビーピー》）系のアングロ・イラニアン石油会社が追い出されて、パーレビ国王を裏から操っていたアメリカのエクソン・モービル社が入った。だから、モサデグ民族革命とはいいながら、真実は石油をめぐるイギリスとアメリカの覇権争いだった。

こういうことを私が書くから、昨年亡くなった岡崎久彦《おかざきひさひこ》氏（評論家。元駐タイ大使。享年84歳）が嫌がっていました。彼は「とにかく英米に逆らうな」という理論でした。

私は、「人類のこの100年間（20世紀）は、英と米の覇権争いだったのだ」と書いてきました。ここを見ないと、世界史が正確にわからない。

日本人はすぐに英米を指して、「アングロ・サクソン」と言います。英（アングロ）米（アメリカン）は正しくは「アングロ・アメリカン」と言わなければいけない。「あいつらはアングロ・サクソンだから」と軽蔑的に使えるのはフランス人だけです。他の国の人々が使うとおかしくなります。

今、イランには大きな製油所が5つあります。三井系が建設しました。だからガソリンも、もうイランでつくれるようになっている。普通、アラブの産油国は、産油国のくせに自動車のガソリンをつくれません。輸入です。

しかしイランはもう高性能の精製所を自前で持っています。西側からの制裁《サンクション》(貿易禁止《エンバーゴー》)が解除されて、外国と貿易をやっているようです。

佐藤　いずれにせよ、これからの国際秩序のカギを握るのがイランであることには間違いありません。

第3章
ウクライナ政変で見えてきた世界大戦の予兆

大国ロシアと回廊国家ウクライナの命運

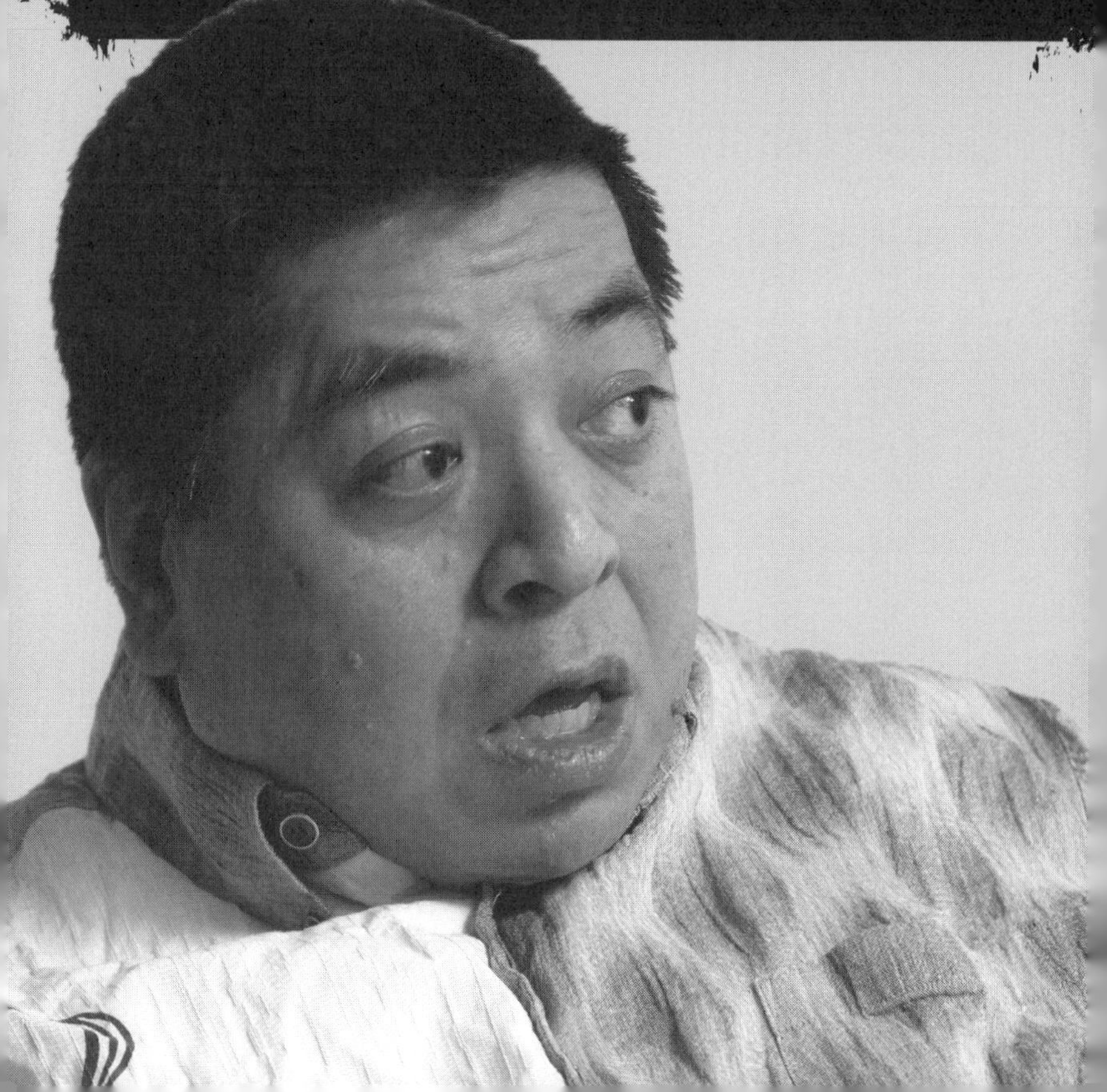

日本人が知らないウクライナ政変の真実

政権を転覆させたウクライナの裏の歴史観

佐藤　私は、2014年に起きたことが、今後大きな戦争につながっていくのではないかと思っています。1つは、第2章で討議したイスラム国の台頭です。そしてもう1つがウクライナでの政変です。

副島　ええ。世界中が大きな戦争《ラージ・ウォー》に巻き込まれていきそうですね。日本も他人事《ひとごと》ではないですよ。

ウクライナの政変は、2014年2月21日に起きました。首都キエフで親ロシア派のヴィクトル・ヤヌコーヴィッチ大統領（当時）の退陣を求めるデモ隊が騒乱を起こし、治安部隊と衝突を繰り返して100人以上が死亡した。翌22日にヤヌコーヴィッチは、首都キエフを脱出し、ロシアへ逃亡した。ウクライナ議会はヤヌコーヴィッチの大統領解任を決議し政権が崩壊しました。

この政変に関して佐藤さんの分析をお聞かせください。

佐藤　わかりました。ウクライナに関しては、2つの問題を分けて考えなければいけないと思います。ウクライナ本体の問題と、クリミア半島の問題です。

まずウクライナ本体の問題からお話しします。ウクライナというのは、もともとは、西暦988年にキエフ・ルーシ（キエフ公国）という国があって、それがキリスト教を導入した。それがロシアの源泉ということになっているのです。

このキエフ・ルーシはモンゴルの苛烈《かれつ》な〝タタールの軛《くびき》〟（注：モンゴルによるルーシ侵攻と支配をロシア人が表した言葉）で滅びました。問題は、このキエフ・ルーシがどこに継承されたかということです。そこで物語が2つに分かれます。

1つはモスクワ公国です。これがいまの表の歴史観なのです。もう1つがウクライナの西側でポーランドに近いほうにあるガリツィア地方に継承されたとする考えです。これが裏の歴史観です。

副島　キエフの都はモンゴルのジョチ・ウルス（キプチャク汗国《はんこく》）の支配に逆らって、屈服しないで滅んでいった。それに対してモスクワのほうが小さな町だったのに、モンゴルに取り入って屈従しながら大きくなっていったのですよね。それがこの2つの国の対立の出発点です。

ガリツィア地方の人たちは、今もまったく表に出てきませんね。

佐藤　じつはこの表に出てこない、このガリツィアの連中が今回の政変の中心なのです。

18世紀の終わりまで、ウクライナ人は、みんなウクライナ語をしゃべっていました。ロシア領になっていた東部のウクライナの人も、西部のオーストリア＝ハンガリー帝国（ハプスブルク皇帝家）のウクライナ——これがガリツィア——の人たちもです。

19世紀になってロシアが、全国的にロシア化政策をしたのです。これは、ロシア語を標準語にするということと同時に、ウクライナ語を新聞、雑誌、学校教育から全部追放するということでもありました。

しかし一方で、ウクライナ人でも要職に登

用されるようになりました。それで、ウクライナの貴族も、どんどんロシアのモスクワの皇室に入っていきました。

このへんは、近代的な植民地政策の概念で見ないほうがいいと思います。ウクライナに対して、言語を抹殺《まっさつ》して、民族を抑圧する政策が必ずしもとられていたわけではない。

19世紀に入ると、ロシア領のウクライナでは、ウクライナ語が使われなくなりました。それに対してハプスブルク家が支配していたオーストリア＝ハンガリー帝国では、多言語政策をとっていたので、ドイツ語、ハンガリー語と同じ扱いで、チェコ語、スロベニア語、ウクライナ語も使われていました。

ナチスドイツに協力したウクライナ人たち

佐藤　そこで、リボフ（ウクライナ語ではリヴィーウと言う）という都市を中心に、ウクライナ語が使われるようになりました。ウクライナ語で教育がなされて、出版物もウクライナ語で出るようになった。

問題は、第2次世界大戦のときです。このときに、ナチス・ドイツと手を握ったウクライナ人たちが、ウクライナ軍団（ウクライナ民族解放軍）というのをつくりました。それで、

ステパン・バンデラ
（1909～1959年）

30万人のウクライナ人がナチス側についたのです。
ウクライナ軍団の長になったのはステパン・バンデラ（1909～1959年）という人物でした。最初はナチスは、ウクライナに独立国家をつくると言っていたので、バンデラはナチスを信用して協力していたのです。
それで、ウクライナにナチスが入ってきました。ところが実際は、占領するだけで、ウクライナの人たちをどんどん「オストアルバイター」Ostarbeiter にしてしまいました。

副島　オストアルバイターとは「東方労働者」という意味ですね。ウクライナ人をどんどんドイツへ連行して強制労働をさせたのですね。

佐藤　そうです。だからステパン・バンデラが、「国をつくるという話と違うじゃないか」とナチス側に文句を言ったら、捕まって収容所送りになってしまいました。ところがウクライナに残ったウクライナ軍団は、ユダヤ人、チェコ人、ポーランド人をさんざん殺してまわりました。
一方で、ソ連の赤軍に加わったウクライナ人は200万人いました。だから、ナチス側についたウクライナ人と、ソ連赤軍のウクライナ人が殺し合う状態だったわけです。

1945年に勝利したソ連赤軍がこのガリツィア地方に初めて入ってきました。ここの最前線に入ってきたソ連軍の兵隊というのは、懲罰部隊です。懲罰部隊とは、軍規違反者や囚人を集めて編成した特別な部隊のことです。ロシア語で「シュトラフバット」Shtrafbat と言います。

当時、ドイツで捕虜になって逃げ戻ってきた赤軍兵は、銃殺か、懲罰部隊へ行くかでした。あとは一般の殺人犯、強姦犯です。それからトロツキスト、ブハーリン主義者などが集められました。

副島　ニコライ・ブハーリン（1888〜1938年）がスターリンと同格の最後の大物指導者でした。ブハーリンは、取り調べ中に反革命であることを認める書類に無理やり署名させられた後、銃殺された。1938年3月15日のことです。

このときがロシア革命の内部抗争の粛清の嵐のピークでした。そのときの粛清《リクイデイション》で収容所送りになった革命家たちも懲罰部隊に集められていたわけですね。

佐藤　そうです。懲罰部隊には、「最前線から一歩も下がるな」というスターリンからの命令がありました。懲罰部隊の後ろには、ソ連軍の正規軍がいるわけです。

それで最前線に懲罰部隊を出して、地雷原のような所も、とにかく突破させる。あるいは戦車に対して火炎瓶と対戦車砲だけで戦って突破する。そういうことをやらされた部隊です。そういう部隊が、ウクライナを占領していきました。

副島 その前に、ドイツ敗戦の決定的な始まりとなったスターリングラード（今のヴォルゴグラード。ウクライナを東に通り過ぎた都市）の攻防戦が１９４２年6月から１９４３年2月までですから、そのあとのことですね。

佐藤 そうです。１９４５年に、まず第一線の連中が入ってきて、略奪とか強姦とかさんざんやりました。そのあと赤軍のコミッサール（政治将校）が1週間後ぐらいに入ってきた。コミッサールには、その場で処刑する権限があります。

副島 コミッサールというのは軍を監視する政治委員のことですね。

佐藤 ええ。いわゆる政治将校です。それで、ナチスに協力した、ウクライナ軍団の幹部たちを皆殺しにしたわけです。そして中堅ぐらいの幹部は、東のほうか、シベリアへ移住させました。このような形で、ウクライナを平定したわけです。

東ウクライナと西ウクライナの違い

佐藤 ところが、山にこもって、反ソ抵抗運動を続けた連中もいました。この反ソ抵抗運動は、1957年ぐらいまでありました。そのころまで地元の新聞に、投降を呼びかける文書が出ています。

抵抗運動をしていた連中は、そのあとソ連の支配を潔しとしないで、亡命します。その亡命先の中心がカナダでした。それで今でも、カナダのエドモントンを中心に、120万人のウクライナ人がいます。

アメリカは亡命者を受け入れる余裕がありませんでした。それで、ブラジルにも少し亡命しました。ブラジルに亡命したウクライナ人たちは、ブラジル社会に同化してポルトガル語をしゃべるようになった。

ところが、カナダに移住したウクライナ人は、今でもウクライナ語をしゃべります。カナダでいちばん多くしゃべられているのは英語です。その次がフランス語で、3番目がウクライナ語です。これが遠隔地ナショナリズムを起こしました。

ウクライナの反ソ活動、ソ連からの分離運動というのは、カナダにいるウクライナ系がサポートしたのです。アメリカで成功したアイルランド人たちが、IRA《アイアールエー》（アイルランド共和軍）の活動をサポートしていたのと同じです。

副島　北アイルランド独立運動を支援した資金源はアメリカのアイリッシュ社会と、ローマ教皇だったヨハネ・パウロ2世（ポーランド人）だと噂されていました。ウクライナの宗教はロシア正教会《オーソドキシー》なのですか?

佐藤　じつはこの地域の宗教というのは、カトリックなのです。旧ナチスに結合した連中もそうです。カトリックだけれども、見た目は正教とまったく一緒なのです。

これもちょっと古い話になるのですが、16世紀のルター、カルヴァンなどの宗教改革は、ハンガリー、チェコ、ポーランドにまでいったんは及んだのです。

そこでイエズス会をつくったカトリックが反宗教改革をやった。このときのイエズス会の軍隊が強くて、プロテスタントを全部、蹴散らして、さらにベラルーシからウクライナまで入ってきました。

ところがここはロシア正教の世界です。そして正教の連中というのは、どんなに脅しても習慣を変えないのですよ。

だからそこでカトリック側が提案をしたのです。今までどおりでいい。下級聖職者は家族を持って結婚してもかまわない。イコンを拝んでいてもかまわない。袈裟《けさ》（祭司服）も今までのでいい。その代わり、いちばん偉いのはローマ教皇だということを認めなさいと言った。

それから、教義の問題もありました。聖霊がどこから出るかという教義です。東方教会は父から出るというのに対して、正教会は、父と子から出るという教義です。ラテン語で

「フィリオクェ」といいます。それを認めろ、とカトリックが提案しました。

それで認めた教会を「ユニエイト教会」といいます。直訳すると「統一教会」です。しかし日本語で統一教会というと、独自のニュアンスがあります。だから日本では「東方典礼カトリック教会」と言っています。

副島　複雑な宗派の成り立ちがあるのですね。それでイエズス会の力がこのガリツィア地方では強いわけですね。

佐藤　そうです。この西ウクライナの連中というのは、「われわれはロシア人ではない。ウクライナのウクライナ人なのだ」という考え方なのですよ。だから、日常言語もウクライナ語で、宗教はカトリックです。

これに対して、東のほうに住んでいる連中は、正教徒で、日常的にロシア語をしゃべっているのです。彼らは、自分がウクライナ人だとかロシア人だとかは、考えたことがない。ウクライナのパスポートを持っているので、その意味ではウクライナ人なのですが、ロシア人かと言われれば、ロシア人だと考える。こういう人たちです。

それで今回、この西ウクライナに拠点を置く、旧ナチスとつながる勢力が武装強化をしたわけです。あれは完全にクーデターですね。そしてヤヌコーヴィッチ政権を倒したのです。

ネオナチ政権を操るアメリカの女性高官

副島　私もあれは計画的なクーデターだと思います。初めから西側が支援していた。ヤヌコーヴィッチ政権が倒れた後に暫定政権《プロヴィジョナル・ガヴァメント》ができました。首相はアルセニ・ヤツェニュクです。

この男を今も操っているのは、アメリカのヴィクトリア・ヌーランド国務次官補《ほ》です。彼女はアメリカ国務省のユーラシアとヨーロッパ担当の責任者です。その地域《リージョン》の国々の大統領や首相にも命令ができるほどの地位です。

たとえば、鳩山《はとやま》＝小沢政権（2009年8月末から2010年6月まで）をアメリカが無理やり打倒しましたが、あのとき、小沢一郎に「言うことを聞け」と引導を渡したのはカート・キャンベルでした。彼がアジア・太平洋担当の国務次官補《アシスタント・セクレタリー・オブ・ステイト》でした。この横にジョン・ルース駐日大使が同席していました。

このとき（2010年2月2日）、小沢一郎は、国会内の幹事長室でニコニコしながら、この2人に向かって「私を逮捕するのならどうぞ」と言い放って、自分から先に席を立って2人を出口まで案内しました。この直後に鳩山政権はつぶされました。私は、今回のウクラ

ウクライナの政権転覆を仕掛けたヴィクトリア・ヌーランド米国務次官補
（2014年5月6日、米上院公聴会にて　写真：Alex Wong / Getty Images）

イナの政変とまったく同じだと考えています。

このヴィクトリア・ヌーランドという恐ろしい女が、現在もヤツェニュクたちを操っている。彼女はヨーロッパとアメリカを行ったり来たりしています。オバマ大統領とジョン・ケリー国務長官でも彼女の首は切れない。

もう目付きからして、おかしな人物です。明らかにムーニー（統一教会信者）です。このヴィクトリア・ヌーランドの、日本におけるカウンターパートが稲田朋美（自民党政調会長）ですね。恐ろしい人たちです。

世界は実によく出来上がっているものです。もう本当に危ない。稲田朋美が次の日本首相らしいですよ。安倍晋三がいちばん期待しているのが彼女ですから。

ヌーランド女史がウクライナのネオナチで

ある人種差別主義者たちを背後からけしかけて、資金も与えて実際に政権を転覆させた。
佐藤　西ウクライナ（ガリツィア地方）の連中も普段だったらこんなクーデターはできません。というのは、ロシアは、ウクライナにも対外諜報庁（ＳＶＲ《エスヴェーエル》）だけではなく、連邦保安庁（ＦＳＢ《エフエスベー》）、それから軍諜報総局（ＧＲＵ《グーエルウー》）の連中を派遣しているからです。

ロシアにとってはウクライナは、緩衝地帯（バッファ地帯）です。だから、ウクライナがＮＡＴＯに入る動きを西ウクライナの連中がし始めたら、これまでなら、大きな運動になる前に彼らを殺してしまっていました。ところがロシアはソチ・オリンピックの会期中、ロシア国内でテロが起きないようにしなければいけなかった。

ソチだけではなく、ロシア国内の、モスクワでも、サンクトペテルブルクでも、ヴォルゴグラードでも、外国人がいるような場所でテロが起きるだけでもまずい。だから全世界にいる秘密警察の要員をその期間だけロシアに帰して、ロシア国内ではテロが絶対に起きないようにしたのです。

そのときに、ウクライナが手薄になりました。普段だったら、反ロシア的な運動は殺しで対応してきていたのに、あのときだけ、殺し屋たちがいなくなったわけです。

逆に言えば、今回、政権転覆をやった連中も、ソチ・オリンピックが終わったら殺し屋がみんな帰ってくるとわかっている。そうしたら皆殺しにされる。だから慌てて先手を打って、火をつけ、猟銃で撃って権力奪取をしたのです。

副島　これで私もわかりました。私の頭の中で話がつながりました。だから、西ウクライナの人種差別主義者たち（旧ナチス協力者、カトリック・イエズス会の信者）が入り込んだ反政府勢力が先に手を出して、ウクライナ政府を暴力で転覆させて、国民議会を支配しているのですね。

２月21日、22日の、ウクライナの政変劇では、追放されたヤヌコーヴィッチ大統領を守っていた治安部隊と、平和的な抗議行動だけをしていた反政府勢力の人々の両方を、奇っ怪な集団が、狙撃してたくさん（おそらく１００名ぐらい）殺したようですね。

休暇を取ってクリミア半島に入ったロシア特殊部隊

佐藤　次はクリミア半島の問題について説明しましょう。クリミア半島では、ロシア人、ウクライナ人、クリミア・タタール人が三つ巴《どもえ》の関係にあります。歴史的経緯も複雑です。

副島　もともとクリミア半島はオスマン・トルコの領土でした。そこにはクリミア・タタール人というイスラム化したモンゴル系の人々がいますね。首都キエフでのクーデターのあと、クリミア半島の帰属をめぐってロシアとウクライナの間が緊張しました。

2月27日から、「自警団」と称する記章のない部隊が、クリミア自治共和国に入り込み、クリミア議会と首都の空港を占拠して、ウクライナ軍を撤退させた。自警団の正体はロシアの特殊部隊「スペッツナズ」Spetsnazでした。

スペッツナズは、アメリカの陸軍グリーンベレーや海軍シールズと互角で殺し合えるロシア軍最強の軍人たちです。彼らが、休暇を取ったことにして、お休みの日に、ボランティアで自主的にクリミア自治共和国に入ったということにしたようですね。

佐藤　それはこういう感じです。スペッツナズがウクライナとの国境での演習中に、上官が隊員を全員並ばせた。そして上官が「明日から自発的に休暇を取らない者は、一歩前に出ろ」と言いました。

誰も前に出ないと上官は「お、全員休暇だな。それじゃあ、身分証明書を全部出せ。それから、明日からボランティアでウクライナに行かないやつは前に一歩出ろ」と隊員たちに言ったのです。

そういうふうにして、隊員は、みんな休みを取って、ボランティアでウクライナに入って行く。そういう態勢にしているのです。

だから、この意味では、クリミア半島に関してロシアの正規軍は関与していないのです。プーチンは「うまくやれ」と下に言っているだけで、ほんとに、具体的なことは知らない。

むしろ、余計なことは教えてくれるな、ということです。

副島　プーチンは、世界に向かってはクリミア以外にはロシアの軍隊を入れてはいない、と表明している。それでも、東部で戦闘を続けたドネツクとルガンスクでも、いちばん重要な戦闘にはスペツナズを投入したようですね。

佐藤　今回、首都キエフで政権を取った連中は、初日に公用語をウクライナ語だけにすると言ってしまいました。これは失敗でした。なぜなら、そうなればクリミアにいる公務員たちは、ウクライナ語ができないから職を失ってしまうのです。

それからクリミアには国営企業も多くて、ここで働いている連中も職を失うことになる。彼らは普段は穏健なのです。ところが、職を失うという話になったら、自分の職を守らなければならない。だから籠城《ろうじょう》を始めたのですよ。

籠城を始めたら、普通は、機動隊などを使って解放させます。ところが政権側はクリミアに空爆を始めてしまった。自国民をテロリストだと言って空爆すると、籠城している周りの人もやられてしまいます。

だから空爆されないようにするためには、地対空ミサイルを手に入れるしかない。そうやってどんどん双方がエスカレートしていったのです。

ロシアのクリミア併合はあきらかに国際法違反

副島 2014年3月11日に、クリミア自治共和国は、ウクライナに帰属するか、ロシアに編入されるかを決める住民投票を行ないました。選挙の結果、ロシア編入が賛成多数となり、「クリミア共和国」はロシア連邦に編入されました。

佐藤 今回、キエフにできた民族主義政権が、クリミア自治共和国の自治権を取り上げようとするのは時間の問題でした。だから、先手を打ってクリミア自治共和国は、住民投票をやったのです。

ロシアとしては、クリミアが独立国になり、保護《プロテクトレイト》国とすることで、国際的な非難をかわすことを考えていました。ところが、地元の要求がより強かったので、結局、プーチンはロシアへの編入を決断したのです。

副島 あれでは国際法《インターナショナル・ラー》から見たらロシアがクリミアを併合《マージャー》した形になりますね。

佐藤 そうです。だからあきらかに国際法違反なのです。

副島 今回、編入されたクリミアのセヴァストポリには、昔からロシア黒海艦隊の大きな基地があります。だからクリミアを取ってしまえば、黒海全部を取れます。黒海から地中海にロシア海軍の艦隊をこれまでどおり自由に出せます。シリアのバシャール・アサド政権への軍事支援も続けることができます。

佐藤　そうでしょうね。でも、グルジアの軍港に、NATO軍とか米軍が入っています。公海だから、どこの国でも入れるのです。

クリミア・ハン国はチンギスカーンの末裔の国

副島　クリミア半島には、クリミア・ハン国（15世紀から18世紀まで）という、チンギスカーンの末裔《まつえい》の国がありましたね。

佐藤　クリミア・ハン国のクリミア・タタール人たちが何をやっていたかというと、そこを本拠地にしてウクライナを略奪したのです。クリミアは土地も痩《や》せていますから。それで、食い物を略奪して、女も略奪してくる。これをペルシャとアラブに売るのです。

そうなると、住んでいてもモノは持っていかれるし、家族は拉致される。これはかなわないということで、ウクライナから、みんな逃げてしまいました。それでペンペン草が生えるようになってしまった。

そこに入ってきたのは犯罪者たちです。逃亡農民とか、訳ありの人たち。彼らが武装集団をつくって、それがコサックになりました。
彼らは税金も払わない。だから、そういう意味では究極のリバータリアンかもしれませんね。自分たちの身は自分たちの銃で守っている。
副島　へー。クリミア・タタール人は野武士みたいな連中なのですね。あの人たちはもともとモンゴル人ですから、馬に乗れますね。彼らがウクライナの大平原を荒らしたから、それに対して自衛武装したコサックが生まれたのですね。
佐藤　でも、それだけではコサックは勝てなかった。それで、1654年にペレヤスラフ協定というのを結んで、モスクワと同盟関係になり、モスクワの配下に入ったのです。
副島　そうか。だからコサック兵はロシア皇帝（ツァーリ）に対する忠誠心がすごいのですね。そういう歴史があるからコサックは帝政ロシアの先兵として、日露戦争のときには日本軍とも奉天会戦をしている。
佐藤　コサック兵は、名前が変なのです。たとえば苗字が「もうビールは飲まない」とかです。
副島　そうですか。彼らは政変後、ウクライナ東部（ドンパスとも言う）に入ってきたとき、小柄で迷彩色の軍服を着ていたので、「緑の人々」と呼ばれていました。
佐藤　コサックはカトリックと戦うとともに、クリミアのイスラム教徒とも戦いました。

それで、勝っていったのです。

クリミア半島はセックスリゾート地だった

佐藤　ここで時代を第2次世界大戦にパッと戻しましょう。クリミア・タタール人の一部も、ナチスの占領政策に協力しました。ナチスがクリミア・タタール人たちに「お前ら、ロシアにいじめられてきたんだろ？　俺たちが独立させてやるよ」と空手形を切ったからです。

ところが1944年に、スターリンが赤軍を送ってクリミア半島からドイツ軍を追い出しました。スターリンはクリミア・タタール人に対して「対敵協力民族だ」と怒り心頭でした。それでスターリンによって、ウズベキスタンなどの中央アジアに彼らは強制移住させられたのです。

それでも、移住しないで残った連中もいました。そうした連中は、見つけ次第殺そうということになり、それで文字どおり、一人残らず皆殺しにされました。その後、クリミア半島に、ウクライナ人やロシア人が入植していきました。

副島　それでも、そのあとクリミア・タタール人は、再びクリミア半島に戻っていきましたよね。

佐藤　クリミア・タタール人がクリミア半島に本格的に帰還したのは、１９８０年代の末からです。ゴルバチョフによる「歴史の見直し」が進められてからです。

クリミア・タタール人が、戻ってくる前に、ロシア人がクリミア半島をリゾート地に変えました。それをウクライナ人に渡したのです。

１９５６年にフルシチョフがスターリン批判を行ないました。そのときに、追放されていた、いろんな民族の名誉回復と帰還を認めたのですが、クリミア・タタール人にだけは認めませんでした。

１９５４年は、先ほど言ったペレヤスラフ協定成立３００年です。それを記念してロシアからウクライナにクリミアを移管しました。

それでも、地続きで同じ国ですから、移管するといっても、例えば伊豆の大島を静岡県から東京都に移管するようなものです。伊豆七島は、もともと静岡県でしたが、国防上の理由で、東京都に移管されました。

それでは、クリミアのウクライナへの移管に、そうした国防上の意味があるのかといえば、そうではない。実は、これにはソ連のセックス事情があるのです。

ソ連時代のロシア人やウクライナ人というのはとても、お堅い感じで見られていました。

ところが、やはり人間が好きなことは万国共通で、飲むことと、食うこと。それと寝ることですね。つまりセックスをすることなのです。

ロシアでは、夏休みが2カ月あります。これはソ連時代にできた慣習です。6月から10月までの間に、夫婦で別々の時期に休暇を取るのです。それで、それぞれが一人でクリミアのリゾート地に行って、思いきりセックスをして、充電してくるのです。「川を3つ越えたら秘密は何もない」と、ロシア人は言います。

ロシア人の女性というのは、10代の頃はほんとに女優さんみたいな人が多い。ところが30代を超えると、体重も3桁になってしまいます。

ロシアでは、120キロまでは太っているとは言いません。ヘルスメーターの目盛も120キロまでついています。だから120キロを超えた人は、家にヘルスメーターが2つある。それで、片足ずつを載せて、合算して体重を測るのです。

そうなると、夫婦で毎日、セックスをする気にはならないわけですよ。それで、リゾート地に行って、「はーい」という感じで、バカンスに来た男女が誘いあう。

男のほうもけっこう太っていますからね。男性が100キロぐらいで、女性のほうが130キロぐらい。2人合わせたら二百数十キロです。

ところが、ソ連製のベッドは小さくて華奢《きゃしゃ》なのです。そこでゆっさゆっさ、230キロぐらいのが運動しているわけですから、底が抜けます。だから、ロシアのホテルには必ず、大工さんが住み込んでいて、毎日どれかのベッドを直している。

そこでクリミアがロシアからウクライナに移管されたら、毎年楽しみにしている夏場のセックス利権が、ウクライナの党幹部や、ウクライナの労働組合へ移るわけです。

フルシチョフは、ドイツとまた戦争になったときに、ウクライナ人がロシアを裏切らないようにするために、ウクライナを優遇しました。戦後、ウクライナ語も使えるようにしたし、宗教以外のウクライナの文化を発展させるようにした。それからセックスを含めたレジャーランドを充実させた。そういう政策に移したのです。

フルシチョフの評判は、ウクライナでうなぎ上りに上がりました。

だからフルシチョフのスターリン批判のあと、クリミア・タタール人が勢力を回復したら、せっかくのセックス用の保養施設をクリミア・タタール人に返さないといけなくなる。そうしたら、ウクライナ体制がおかしくなるということで、「クリミア・タタール人の追放はなかった」ということにしたのです。

ところが、ゴルバチョフという人は、やはり歴史に正直に向かい合わないといけないと、本当に思っていました。それで、クリミア・タタール人に対して、強制追放だったことを認めるとともに、帰還をも認めたのです。

それで1980年代の終わりに、クリミア・タタール人が戻ってきました。すると今度は、クリミア・タタール人が「お前ら。俺たちの土地を返せ」と言い出して、ウクライナ人やロシア人と殺し合いになりました。

だから、ここのウクライナ人とロシア人は仲がいいのです。クリミア・タタール人という共通の敵がいるから。それでクリミア自治共和国はロシア寄りになりました。

副島　いま、ウクライナ人はほんとうに少ないみたいですね。ほとんどがロシア人のようです。

佐藤　もともとロシア人が多かったのです。

副島　ロシア側から見たら、ゴルバチョフの判断というのも問題になってきますね。

きっとゴルバチョフはロシアでは人気がないでしょう。今からでも彼を裁判にかけろ、という話が出ています。

佐藤　人気はないです。あと、フルシチョフも人気がありません。

副島　アメリカの言いなりになったということなのでしょう。

佐藤　今回、ゴルバチョフは、クリミアの併合賛成で、そういう論陣を張っていました。

副島　そうですか。ゴルビーも力がなくなって、ただのロシア人になってしまいましたね。

ロシアを抑え込む寝業師プーチンの実力

ロシア国民を団結させたプーチンの宣言

副島　今年に入って、東部での戦闘をやめさせなければ、ということで当事者であるロシアとウクライナ、それに調停役《ミーディエイター》のドイツとフランスの4カ国による首脳会談がベラルーシ（白ロシア）のミンスクで行なわれました。それで2月15日からの2回目の停戦合意《シース・ファイア・アグリーメント》がウクライナと親ロシア派の間で発効しました。しかし発効後も、両勢力の間で、小競り合いは続いています。

アメリカと西側諸国は、ロシアを国際社会で孤立させようとしています。

「米が対ロシア制裁強化、銀行最大手も対象に」

【ワシントン　12日　ロイター】米国は12日、ウクライナ問題をめぐる対ロシア制裁を強化した。ロシアの主要産業である石油や防衛産業を標的とし、金融セクターの米国での資金調達をさらに制限する。
同日に追加制裁を発動した欧州連合（EU）に足並みをそろえる。（中略）
ただ米政府当局は、ウクライナから部隊を撤収させるなど、ロシアがウクライナ和平進展に向けた取り組みを示した場合には、制裁措置を縮小する可能性があると明らかにした。

（2014年9月13日　ロイター）

副島　世界のメディアは、ロシアを非難すること一色です。ウクライナ政府にネオナチ勢力が入り込んでいるのですから、EUも、本当は、ロシア批判などできるわけがない。ドイツはロシアと協調するでしょう。ヨーロピアン・カウンシル（EUの外相会議）の「ロシアへの追加的な制裁措置」というのは、口ばっかりで、やる気はありません。
ロシアのプーチンは、柔道やテコンドーのような柔術（空手）の猛者《もさ》ですから、ジワジワと時間を掛けて抑え込むのではないでしょうか。「寝技、抑え込みの一本勝ち」です。

佐藤　じつは、プーチンが2014年11月26日に重要な宣言をロシアのソチで行ないました。ロシア国防省との会議でプーチンは、「ロシアにとっての脅威が変わる。だから、国防ドクトリンを変える」と言ったのです。そして、同時に、「国産品を使用するような方向に経済を変える」とはっきり言いました。

今までルーブルは、ユーロと通貨バスケットを組んでいた。これをやめました。11月の終わりに完全変動相場制に移行したのです。これは、ロシアが国際社会に対して「ルーブルを切り下げてくれ」という明確なメッセージを送ったわけです。

副島 ロシアは自力で生き延びていくという政策に切り替えたのですね。だから、自立経済といいますか、自給自足経済体制に移った。「アウタルキー」autarchy と英語でいいますね。

佐藤 ロシア語でもアウタルキーはそのままです。

副島 日本のメディアは「ロシアは制裁を受けて、経済的な苦境に立たされている」というようなを報道をやります。私は、プーチンは、耐えられると思っています。

佐藤 おっしゃるとおりです。

副島 「こんな攻撃ぐらいでは負けない」とかえってロシア国内が団結してしまいました。

佐藤 ロシア人の金持ち、中産階級以上というのは、外国製品のいいものを輸入して食べています。そして夏休みには、フランスのコートダジュールに遊びに行く。

ところがルーブルが安くなると、それができなくなります。国産品を食べて、国内旅行にしか行けなくなる。

自給自足経済へ舵を切ることを宣言したウラジミール・プーチン大統領
（2014年11月26日、ロシア国防省の会議にて　写真：Sasha Mordovets / Getty Images）

このような場合、「なんという経済政策をやっているんだ」と国民の不満は通常、政権に向かいます。ところが今回、アメリカが「勝った、勝った。俺たちがロシアをやり込めたんだ」と言っているものですから、ロシア国民の反発は「よくもやりやがったな」という形で、アメリカへ向かっています。

だからプーチンはまったく損することなく、やりたいと思っていたアウタルキー経済へ向かって転換できるのです。

プーチンは続く12月18日の演説で、それを「2年間」と期限を切っています。

副島　その演説は私もテレビで見ました。厳粛な広間に、ロシア指導者層が、聖職者を含めて全員集まっていたようでした。

長い歴史でみれば、ロシアはナポレオンの

モスクワ占領を、冬将軍で撃退しました。ヒトラーのロシア戦線への進攻にしても、ソ連はサンクトペテルブルク、スターリングラード、モスクワでドイツを打ち破って、生き延びました。ロシアのルーブル危機みたいなことを言いますが、ロシアの強さを思い出すべきです。

1990年代にショック・ドクトリンを仕掛けられたロシア

副島　プーチンという人は、いつも自分で判断して、国家経営をしていますね。背後で、彼を動かしている勢力とかの感じが見当たらない。プーチンには、シロヴィキというKGB秘密警察のネットワークはあるけど、それ以外はないです。

そこが、私としては不思議な気がします。政治分析として考えると、政治は力学で、勢力どうしのぶつかり合いですから、政治家は何らかの勢力の代表であるはずなのです。しかしプーチンは、いったい何の勢力を背景にしているのか、今でも解けません。

佐藤　結局、ロシアの政府は権力党になっているのです。権力にぶら下がっている軍産複合体とエネルギー企業を、プーチンはガッチリと押さえています。

副島　そのプーチンを旧KGB系の人脈のネットワークが支えているわけですか。

佐藤　そういうことです。それとエリツィン時代の金融勢力をほぼ解体してしまい、作り直しをしました。ミハエル・ホドルコフスキーのような、自分に刃向う銀行家は檻の中に入れてしまいました。あるいは、ボリス・ベレゾフスキーのように、自殺するしかないような状況に追い込んでいきました。

副島　彼らはエリツィン政権時代に台頭したオリガルヒ（寡頭《かとう》資本家）ですね。

２００７年に、ナオミ・クラインというカナダの女性評論家の『ショック・ドクトリン』（'The Shock Doctrine:the Rise of Disaster Capitalism' ２０１１年に岩波書店から邦訳）という本が出ました。私はこの「ショック・ドクトリン」という考え方をものすごく大事にしています。ショック・ドクトリンとは、「戦争と自然災害の大惨事につけ込んで実施される過激な市場原理主義改革」のことです。

１９９１年に、ゴルバチョフが失脚して、ロシア共和国大統領として、エリツィンが出てきました。その年の8月に、「ソ連8月クーデター」が起きました。

佐藤　ロシア共和国政府最高会議ビル（ホワイトハウス）が戦車で囲まれました。

副島　あのとき、エリツィンが戦車の上にまたがって演説をしましたね。

その年の12月には、ソビエト連邦が崩壊します。その崩壊の日、クレムリンの中に、ジェフリー・サックスというアメリカの大学教授（そのときはハーヴァード大学、今はコロンビア大学）がエリツィンのアドヴァイザー（顧問）として来ていました。このあたりも全部、ナオミ・クラインが書いていました。
佐藤　ジェフリー・サックスは、エリツィン政権の初期において、本当に特殊な立場にいました。
副島　その前にポーランドやハンガリーでも同じようなことをしていました。

オリガルヒは殺し合いでのし上がった

副島　私は「民営化」というコトバが大嫌いです。privatization《プライヴェタイゼイション》というコトバは、はっきりと「私有化」と訳すべきです。
佐藤　private は「私」ですからね。
副島　そうです。「官から民へ」などと、変なことを言ってはいけません。「民」と言いながら、実際は官僚たちが支配している。国有会社を株式会社の形に変えただけのことだ。株式の30％とかは、国土交通大臣や財務大臣の所有のままです。だから「私有化」ではないのです。
　ＪＲとかＮＴＴ、郵貯やかんぽも、今も官僚所有です。中国の株式会社化（上場して値段がっている）した国有企業とちっとも変わらない。日本が自由主義国で、社会主義（＝国家資本主義）ではない、などとあまり偉そうなことを言うべきではありません。日本の官僚たちも、もしかしたらオリガルヒかもしれない。

佐藤　あの人たちはオリガルヒですよ。

副島　エリツィン政権のときのオリガルヒの登場も、ショック・ドクトリンが応用されたのです。

エリツィンは、一気に国有企業群《ぐん》を解体するという路線を打ち出して、国有企業の所有形態を株式（企業の持ち分権）に換えて、株券を従業員たちに配りました。この株券を買い集めたのが、のちにオリガルヒとなった共産党の中堅幹部たちです。従業員（労働者）なんて貧乏ですから、食べていくのがやっとでした。目先の生活費が欲しいから、安いカネで株券を中堅幹部たちに売ってしまいました。

佐藤　しかしオリガルヒに成り上がれたのは一握りの人たちだけでした。当時、オリガルヒに成り上がれる可能性があった人（中堅幹部）たちは、相当数、いたわけです。数万人ぐらいでしょうか。

彼らは文字どおり、「椅子取りゲーム」で殺されていきました。私の知っている人間も何人か死んでいます。それで、命が惜しくなった人たちは、やはり途中でゲームから降りていきました。

だから最後まで生き残って、今も生き残っているオリガルヒというのは、度胸千両《どきょうせんりょう》の人たちなのです。

副島　彼らは年齢も若かったから、裏から支えてくれる人もいなかったでしょう。

佐藤　いませんでした。すべて自分の力です。だから度胸千両です。当時のロシアでは、だいたい3億円ぐらいの利権で、人殺しが起きました。自分の友だちであっても、「こいつが死ぬと自分のところに3億円が入ってくる」となれば、人殺しがよく起きました。

当時は、殺し屋が安かったのです。300ドルぐらいで殺し屋を雇えました。高くても1万ドルぐらいでした。

日本円でいえば、3万円から100万円ぐらいのコストで、3億円を手に入れることができたのです。だから「殺し」という一線を、簡単に踏み越えてしまうことができました。

今はプーチンには逆らえないオリガルヒたち

副島　資本（資産、資金）の奪い合いをめぐる激しい争いが、当然のこととして、ロシアのすべての産業部門の私有化（プライヴェタイゼイション）のときに起きたわけですね。そうやって新興財閥に成り上がったオリガルヒには大きく2種類がいる。今のプーチン権力に従順に従うオリガルヒ（ガスプロムのアレクセイ・ミレル、ロスネフチのイゴーリ・セーチン）と、プーチンに逆らっているオリガルヒがいる。

このことを佐藤さんとの最初の対談本（『暴走する国家　恐慌化する世界』２００９年　日本文芸社刊）で佐藤さんが教えてくれました。あのときは、私は誰がどっちだかわかりませんでした。最近ようやく区別がつくようになりました。

欧州ロスチャイルド財閥に近いオリガルヒに〝アルミ王〟のオレグ・デリパスカがいますね。デリパスカも今はいちおう屈服して、プーチンに付いている。

佐藤　私は昔、ニュージーランドでデリパスカと会ったことがあります。聡明な人物でした。沖縄が好きでよく旅行に訪れているようです。

副島　２０１３年に自殺したボリス・ベレゾフスキーは、２００１年にロンドンに逃げて、反プーチン運動をやるという動きをしていました。ベレゾフスキーの自殺については暗殺を疑う声もありますね。

佐藤　私も暗殺された可能性を完全に否定はできません。しかし、カウンターインテリジェンス能力の高いイギリスで、ロシアの公権力が暗殺に関与するのはリスクが高すぎると思います。

しかしベレゾフスキーは、武器商人やチェチェンやロシアのマフィアと錯綜した利害関係を持っていたので、その関係者による暗殺の可能性はあるでしょう。

私は、ベレゾフスキーにも1996年に一度だけ会ったことがあります。彼は当時、クレムリンで絶大な権力を持っていました。泥沼化したチェチェン情勢を軟着陸させるシナリオを私に話してくれました。その後の事態の推移はこのとき彼が語ったとおりになりました。

ベレゾフスキーは2013年に、親プーチン派のロマン・アブラモヴィッチとの法廷闘争に敗れ、巨額の債務を抱えていました。

副島　アブラモヴィッチはベレゾフスキーの腹心だった男ですね。

佐藤　そうです。ベレゾフスキーにはドストエフスキーの小説の登場人物のような自己破壊衝動がありました。盟友であるアブラモヴィッチに裏切られ、財産を失うのみならず、巨額の借財を抱えることになったベレゾフスキーが自己破壊衝動によって自殺すること自体に意外性を感じません。

アブラモヴィッチというのは、闇でタンクローリーを買って、ガソリンを入れて、街のガソリンスタンドに、「格安ガソリンありますよ」と売ってまわって荒稼ぎして、そこから大企業をつくった男です。

プーチンは、アブラモヴィッチを取り込んで、ベレゾフスキーの始末をアブラモヴィッチにやらせました。そのために、ベレゾフスキーに警告する映画をアブラモヴィッチにつくらせたのですよ。『大統領のカウントダウン』（２００４年）という映画です。これはロシアの本当の国策映画でした。

この映画には、チェチェン独立派、アラブのテロ組織を背後で操って、モスクワで人質事件を起こし、ロシアの政権に打撃を与えようとするロンドン在住のポクロフスキーというオリガルヒが出てきますが、これが明らかにベレゾフスキーがモデルです。アブラモヴィッチがこの映画のスポンサーになりました。旗幟《きし》を鮮明にしなくては、アブラモヴィッチも弾圧される可能性があったのでしょう。

副島　ベレゾフスキーと同様に、反プーチンで失脚したミハイル・ホドルコフスキーは、２０１３年に恩赦でシベリアの刑務所から出て、今はロンドンにいます。彼は石油会社ユコスのオーナーでした。ユコスはロシア政府に解体させられて、今のロスネフチに吸収されました。

佐藤　ホドルコフスキーは、なかなかいい男でした。３日ほど会ったことがあります。金儲けだけでなくロシアに市民社会をつくることを本気で考えていました。

副島　ロスネフチ会長のイーゴリ・セーチンはプーチン派で、忠実な子分のようですね。

副首相もやっていますから。あと、ロスネフチと同じく、天然ガスと石油をやっている独占巨大企業にガスプロムがあります。

佐藤 特に怖いのは、やはりガスプロムですね。

副島 アレクセイ・ミレルが、今のＣＥＯです。

ショック・ドクトリンで敗北主義が生まれる

副島 私は、「3・11」の直後の、2011年の4月に、日本人は福島原発の事故で、ここで恐怖心にとらわれたら、ショック・ドクトリンに引っかかる。だから怯《おび》えたらいけない、国民は団結しなければいけない、と書きました。私はあのとき、恐怖による支配《ショック・ドクトリン》というのがいちばん怖いということを自覚したのです。

中国における1989年6月4日の「六四事件」（世界では「天安門事件《マサカ》」）も、「ショック・ドクトリン」だったとナオミ・クラインは指摘しています。

天安門で学生たちの民主化運動を政府が鎮圧しました。そのあと、中国民衆がショック状態にあるときに、鄧小平《デン・シャオピン》が一気にprivatizationをやりました。彼は毛沢東主義者たちから、「走資派、資本主義の走狗《そうく》」と言われながらも、必死に外資を導入していきました。

あのやり方もショック・ドクトリンだったのでしょう。

あのときに「中国版オリガルヒ」たちが出現しています。巨大な赤字を抱えた国有企業がどんどん解体されて、「私有化」されました。

佐藤　そのあと党や軍と結びついていきました。

副島　そういうことですね。ですから、いろんな国でショック・ドクトリンが近年、起きているのです。

茫然自失状態のときに、ショック・ドクトリン（上からの急激な社会改革）を仕掛けられると、民衆の側に敗北主義が生まれます。あとは卑屈なカネ取り運動に堕落してゆきます。民衆の側の抵抗線がボロボロに打ち破られる。これが非常によくないのです。

佐藤　ロシアへの「ショック・ドクトリン」で具体的にどういうことが起きたか。それは１９９３年のハイパーインフレです。政府統計の発表では、２５００％もありました。２５００％のインフレということになったら、銀行預金の意味はなくなります。

副島　佐藤さんはまさしく、その頃のモスクワにおられたわけでしょう。大変だったのではないですか？

佐藤　いや、それが、中にいると、「こんなものだ」という感じになってしまうのです。そうすると、運が悪かったみたいに、みんなあきらめてしまう。みんな、稼いだ金をねず、み講に入れてしまうとか、そういう感じにだんだんなっていきました。

副島　戦後すぐの、どさくさのときの日本と一緒でしょうね。日本は、１９４６（昭和21）年に１０００％のハイパーインフレを起こしています。物価が翌年には10倍になりました。そして「預金封鎖」が起きました。銀行預金の引き出し制限《クランプダウン》と、新札への切り替えが断行された。

ロシアの知識人たちはロシアがあのような国家体制の激変のとき、どうしていたのですか。

佐藤　彼らは世の中を斜めに見ていました。あの連中は自分の階級内でガチッと固まっていて、政治のゲームにも、金儲けのゲームにも入らなかった。

ソ連崩壊後、出版物の刊行点数は増えていきました。しかし発行部数は減っている。総部数が減ったけど、点数だけは増えたのです。

それまでは『党中央委員会の決定』を１００万部とか、『ペレストロイカにおける共産党独裁の意義』とかを２００万部とか刷っていました。メチャクチャな部数のプロパガンダ文書を刷っていた。

それがなくなり、その分、知識人階級にも出版の機会が与えられるようになりました。ガリ版刷りの学術書などが、すごく増えたのです。３００部か４００部程度の、本当に少部数でしたが、知識人階級は、初めて自由に発信できるということで、楽しくて楽しくて仕方がなかった。

　だから、彼らは、政治のほうに関心を持たないし、金儲けをしたいとも思わなかったのです。

プーチンを支える政治思想は新ユーラシア主義

副島　佐藤さんにお聞きしたいのは、プーチンを裏で支えている思想です。「新《ニュー》ユーラシア主義」というのを唱えている人たちがロシアにいますね。
佐藤　アレクサンドル・ドゥーギン（モスクワ大学教授）をはじめとする一群ですね。
副島　そうです。私は西側世界の言論誌の英文の書評を読んでいる程度ですから、よくはわかりません。私は、あの人たちの「自分たちは新しい人間なのだ」という思想についてお聞きしたい。
佐藤　「新しい人間たち」といいますが、だいぶ前からロシア人はユーラシア主義的な思想を持っています。ロシア人はスターリンの政治体制が成立して以降、世界革命をまじめに考えていません。

ヨーロッパとアジアの間にあるロシアは、独自の空間で、独自の法則を持っているという考え方です。それは正教的なロシアということではありません。

そこには、トルコ、ペルシャ、それからアニミズムなんかも全部混ざっている。ユダヤ教も、イスラムも、仏教も、それからシャーマニズムも、アニミズムも全部入っている。民族的にはスラブ人だけではなくて、フィン系、それからタタール人たちも全部入ったアマルガム（混合物）、あるいはサラダボールだとする考え方です。

だから、わかりやすくいえば、「大東亜共栄圏」の思想です。新ユーラシア主義というのは、ユーラシア版の大東亜共栄圏ですよ。大ユーラシア共栄圏をつくろうという発想です。

副島　確かにこれからの世界は、ユーロ（ヨーロッパ）とアジアが一体化しつつあるユーラシアの時代ですね。私もソビエト崩壊の前後からそういう考えになりました。

ドゥーギン以外に、ニコライ・トルベツコイ（1890〜1938年）という人も新ユーラシア主義を唱えているようですね。

佐藤　ニコライ・トルベツコイは1920年代に活躍した、むしろもともとのユーラシア主義者です。それで、アレクサンドル・ドゥーギンが新ユーラシア主義ですね。

副島　「第四番目の理論」（'the Forth Political Theory'）を唱えているようですね。多民族でいろんな文化を融合的にまとめるという新しい思想のようです。

佐藤　とにかく、世の中は、思想が動かしているのです。カネがあれば何でも実現できるというのも、イデオロギーですからね。

副島　そうですよ。やはり、すべてのいちばん上に政治思想、political thoughts《ポリティカル・ソート》があるのです。その下に経済学とか政治学がある。そこのところの大きな価値判断、切っ先での最先端部分での人間の思考（思想）の変化や流れというのを見損なわないようにしようと、私はいつも思っています。

思想《ソート》こそは大切なのです。政治思想の勉強が出来ていない者たちが、いくら偉そうなことを言っても、私は相手の目の前で鼻で嗤《わら》います。

回廊国家ウクライナは、これからどうなるか

ナチスドイツの再評価がウクライナで始まっている

佐藤　２０１５年に入って、ウクライナで奇妙なことがありました。今のウクライナ政府をアメリカが支援していることは副島さんがご指摘したとおりです。スヴォボダ（注：ウクライナ現政権を支える極右政党の１つ）の連中は、１月１日にたいまつ行進をやっています。今年はステファン・バンデラの生誕１０６周年を記念して、夜中に太鼓を叩いて、たいまつをかかげて行進したのです。

これに対して、ロシア制裁に加わっているチェコのゼマン大統領（ミロシュ・ゼマン）が「今起きていることは異常だ」と言及しました。

何が異常かというと、ウクライナが今やっていることも異常だけれども、こういうたいまつ行進に対して、ＥＵが沈黙していることのほうが異常だと言うことです。

それからヤツェニュク首相が、「第２次世界大戦では、ソ連がドイツを侵略したのだ」

と言いました。要するにナチスドイツが侵略された側であると言ったのです。こういう歴史認識を表明しました。

副島　歴史認識のところで今のウクライナのネオナチの指導者たちは、歴史の作り替え（修正主義《リヴィジョニズム》）をやろうとしている。日本の安倍晋三たちと一緒ですね。これには西側同盟がカチンと来るでしょう。

ソ連軍がポーランドまで攻めて占領したからでしょうか（笑）。ネオナチたちはポーランドはドイツ人の国だと言いたいのでしょう。

佐藤　ソ連がウクライナとドイツを侵略したというのがヤツェニュクの主張です。「ロシアがあたかも自分たちが侵略されたかのごとく、歴史を書き換えようとしている」とウクライナの首相は今、言っているわけです。

副島　歴史の書き換え、というのは恐ろしいことです。

日本もやがてウクライナと同じ道をたどるだろう

佐藤　今、構造が相当変わりつつあるのは間違いありません。ファシズムの潜在力というのを使っていこうという形で、キワモノみたいなウクライナからナチスの再評価が始まっている。

そしてその次に人種主義、アンチセミティズムが、反イスラムという形で出ています。第2章で説明しましたが、あれは形を変えたアンチセミティズムです。

副島 日本の右翼たちが反中国、反韓国（反中《はんちゅう》、嫌韓《けんかん》）をやり出しているのと一緒ですね。世界的な流れなのでしょう。

佐藤 ヨーロッパのほうが、厳しいのではないでしょうか。根っこの問題だと思います。

副島 日本人はふわふわしている程度だから、まだ軽いですね。

私は、ウクライナ人たちは、同じスラブ系民族だから「ロシアの兄弟民族として生きてゆく」のがいちばん幸せなのだと思います。自分たちをきれいな白い肌をした純系白人だと言って気取っても、アジア人種との融合問題は消えてなくなりません。

ユーリヤ・ティモシェンコ（ウクライナ元首相の女性）たちは、自分たちはきれいな顔をした白人だから当然西側だ、という理屈をつけていそうですね。

佐藤 ティモシェンコには、アルメニア人の血が入っています。

副島 そうですか。私の素朴な考えでは、ウクライナ人が肌があんなに白いのは、北方のバルト海のほうからヴァイキング（岸辺の民）たちが川沿いにずっと下って移動してきたからではないか。

ロシア人もウクライナ人も、モンゴル帝国の一部にされていた。そして〝タタールの軛《くびき》〟に長く支配された。佐藤さんが前のほうで教えてくれたキエフ・ルーシの話です。ルーシがロシア人になったのですね。

私は、ウクライナの白人優越主義者たちの、「白人（キリスト教徒）文明を押し広げよう」という態度が気に入りません。私たちアジア人種をナメている。

アメリカは、あと2年間は、しっかりしたオバマたちが政権（執行部）を握っているので、まだ大丈夫です。しかし再来年の2017年に入ったら、ヒラリーを先頭にして、凶暴な、おかしな連中が、ワシントンの政界、財界、官界にたくさん巣食っていますから何をしだすかわからない。

ウクライナのネオナチ政権を操《あやつ》っているヌーランドも大きくはヒラリー勢力です。この者たちを、何とかしないことには暴走して、第3次世界大戦になるでしょう。

佐藤　親ロシア派とウクライナ中央政府の間で、今後も戦闘と停戦を何回か繰り返すでしょう。

ウクライナは結局、NATOに加盟することはできません。そうなると、やはり緩衝地帯ですよね。バッファとしてとりあえず生き延びていくしかありません。

重要なのは、ウクライナの圧倒的大多数の人が、民族という意識が未分化のままなのですね。戦闘が起きたところ以外の人たちは、自分たちが、ロシア人なのか、ウクライナ人なのかの意識がまだ未分化です。

そこが難しいところでしょう。これまでは、ウクライナ人かロシア人かということを曖《あい》昧《まい》にして暮らすことができたのですが、これからは、曖昧ではない形にしないといけない。それをお互いが決めるということになると、状況によっては殺し合いになるでしょう。

副島　佐藤さんのご指摘のとおり、ウクライナはまさしく西側《ザ・ウェスト》との間の緩衝地帯、バッファです。回廊《かいろう》国家ですね。

回廊国家＝コリダー・ネイションというのは、2つの大きな勢力（帝国）の間で、廊下《ろうか》（corridor コリダー）のように外国の軍隊に侵攻され、踏みにじられ、居座られる国家のことです。国内が引き裂かれ分裂します。このような国家の分裂状態を繰り返してきた「回廊国家」corridor nation が、ポーランドと朝鮮半島です。

もしかしたら、私たちの日本も回廊国家になりつつあるのかもしれません。アメリカと中国という2つの帝国の間で、ウクライナと同じような分裂国家になるかもしれない。

日本にいる私たちも、本気で、明日はわが身、として真剣に考えたほうがいいでしょう。世界で起きていることは、日本でも起きるのだと考えることが、最もすぐれた知性と頭脳の持ち主ということになります。

第4章
オバマとヒラリーの激闘から読む世界の明暗

アメリカの思想対立でわかる国際情勢の明日

ヒラリー・クリントンが次の大統領になる

アメリカ政界の4つのマトリックス

副島　私は2013年の9月までは、ヒラリー・クリントン前国務長官が次の米大統領になると予測（予言）してきました。ところがある事件でヒラリーがゲロを吐いて卒倒して（2012年9月11日）、その後、国務長官を辞任しました。それで、現職の副大統領のジョー・バイデンが次の大統領になると予測を変えました。

佐藤　しかし、今はヒラリーが主流ではないでしょうか。

副島　そうなのです。また最近、ヒラリーの勢力が巻き返してきています。だから私はヒラリーが次の大統領になるという最初の予測に戻りました。

2014年11月の中間選挙《ミッドタームエレクション》でバラク・オバマの民主党がボロ負けに負けたものですから、後釜のバイデンが出てこられない雰囲気になっています。

佐藤　それでも、特に上院を見た場合、民主党の負けはこれぐらいで済んだと言えるのではないでしょうか。

副島　そうですね。最小限度の打撃で済みました。上院定数１００（州から2人ずつ）のうち、民主党は11議席を減らして46議席で共和党54議席ですから。下院は民主党１８８で、共和党２４７議席です。

私はバイデンに次の大統領になってほしいと思っています。

佐藤　バイデン副大統領というのは、たしかお父さんが中古車販売をしていたのですよね。

副島　そうです。バイデン自身もそうでした。彼は、叩き上げの、泥臭い男です。

オバマとバイデンたちは、第3次世界大戦になるような、「大きな戦争」large war《ラージ・ウォー》はしたくない。「低緊張紛争」low《ロウ》 intensified conflict《インテンシファイド・コンフリクト》で収めたいと考えています。

小さな戦争が、アフリカやアジアやヨーロッパ周辺の各地域（region リージョン）で起きるのは仕方がない。地域内で、それぞれやらせて、両国の均衡の上にアメリカが仲裁者《ミディエイター》として立つ。これが「オフショア・バランシング」offshore balancing という理論です。

この考え方を私の弟子の古村治彦《ふるむらはるひこ》君が『アメリカ政治の秘密』（２０１２年　ＰＨＰ研究所刊）という本で日本に紹介しました。アメリカはオフショア（海の向こう、即ち自国）にいて、遠くからバランス（均衡）を取る、という考え方です。

もうアメリカは15万人、20万人の兵隊を海外に出したくない。出すだけの力がもうない。

だからオフショア・バランシング理論で、各リージョンごとの内部で、国々同士の緊張状態をつくらせる。これはCFR《シーエフアール》（外交問題評議会）派の理論です。CFRは、日本でいえば経団連のような大企業経営者たちの団体です。

このCFR派に対して、共和党ネオコン系と結び付くヒラリーは、「人道主義的介入《かいにゅう》主義者」humanitarian interventionist《ヒューマタリアン・インターヴェンショニスト》です。ヒラリーは、理屈をつけて外国のことに介入するのです。彼らは、「人道と人権を守る」という理屈で、独裁国への反対の旗を振って他国に干渉していきます。極めて偽善的《ヒポクリシー》な考えです。

佐藤　そういう世界支配の手法ですね。人道、人権による世界支配です。そうなると、共和党はプレーヤーの外という感じなのでしょうか。

副島　共和党の中心部分（温和な保守派）はまったくやる気がない。共和党に潜《もぐ》り込んでいる、いわゆるネオコン派（凶暴なイスラエル支持のインテリたち）がヒラリー系の民主党と組んでいます。

佐藤　ここのポイントがわかっている日本人が少ないと思います。今のアメリカの人口動態は、37％ぐらいが、いわゆる非白人です。２０５０年になったら、白人と非白人の割合が逆転するといわれています。そうなると、今の共和党の路線だったら、絶対に票を取れるはずがありません。

だから、「次の大統領は民主党か共和党か」というのは、議論の入り口にはならないのです。「民主党内の派閥で、どちらが大統領になるのか」という議論になりますね。

副島　ええ。共和党は議会でこれだけ多数派になっているのに、大統領選では盛り上がらない。おかしな感じです。

ですから、アメリカ政界は大きくは4つに分かれています。私がそれをマトリックスにしてみました（182ページ図参照）。それぞれ民主党2派、共和党2派です。民主党も共和党も党内が分裂していて、それぞれが相手方とくっ付いている構造です。

穏健なオバマ系民主党リベラルと、共和党内のリバータリアンおよび茶会党（ティーパーティ運動）がくっ付いている。彼らは、ハト派（Dove《ダブ》）で、米軍を外国に出したくない。それに対して表面上は人道主義を掲げながら、外国に介入しようとする勢力がいます。それがヒラリーたちの凶暴なデモクラシーです。この凶暴なデモクラットたちと、共和党系の軍産複合体がくっ付いています。これがタカ派（Hawk《ホーク》）です。

だから私は、今のアメリカは大きくはこの2つの勢力間の闘いだと考えています。共和党から誰かが大統領選に出るとか言っても、この大きな構図は変わりません。

佐藤　オバマの味方というと、勢力的にはどこになるのでしょうか。

副島　穏健派のリベラル派としか言いようがありません。オバマ自身は、オバマケア（実

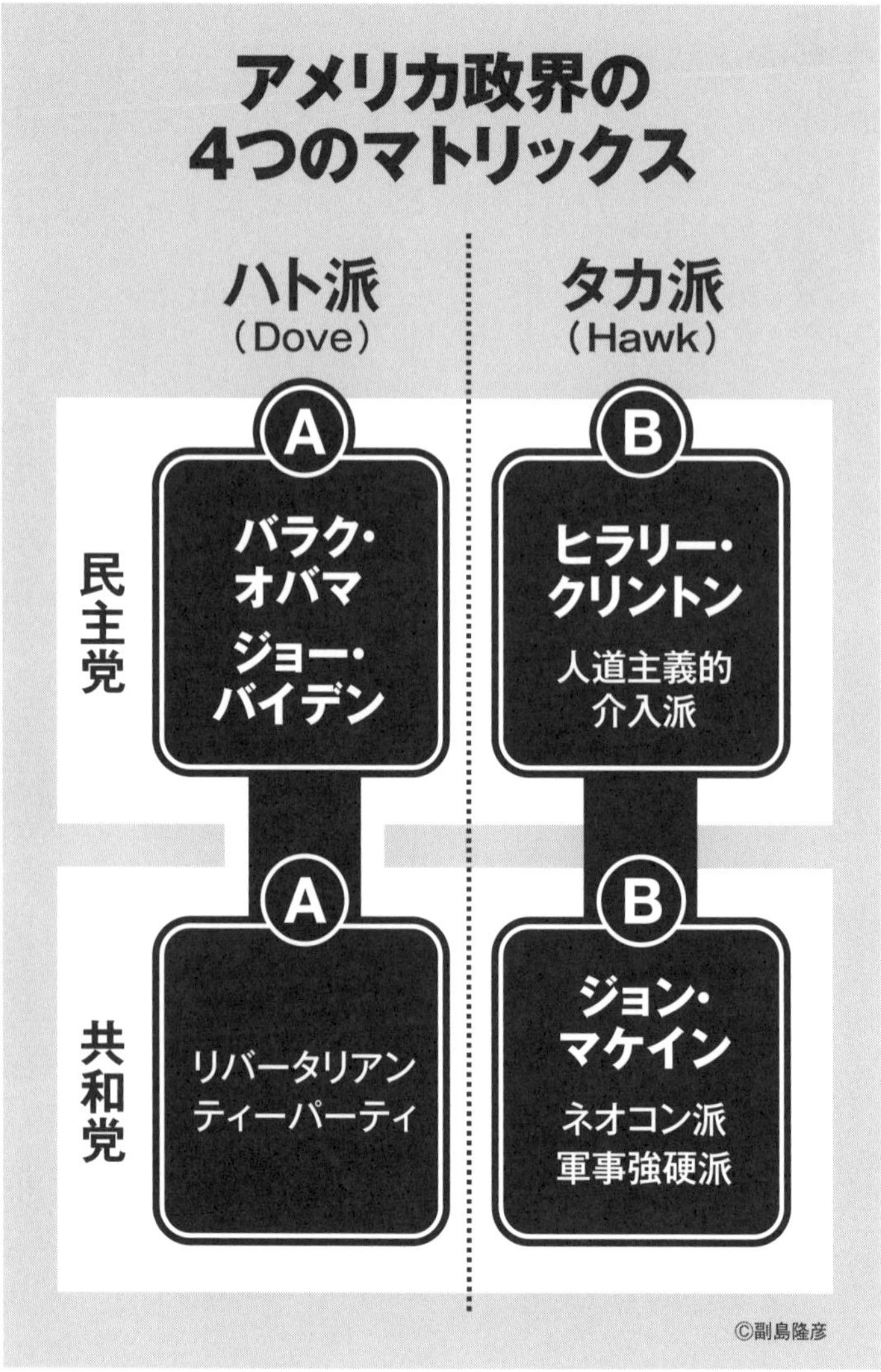

アメリカ政界の
4つのマトリックス
ハト派
（Dove）
タカ派
（Hawk）
民主党
共和党
A
バラク・
オバマ
ジョー・
バイデン
B
ヒラリー・
クリントン
人道主義的
介入派
A
リバータリアン
ティーパーティ
B
ジョン・
マケイン
ネオコン派
軍事強硬派
©副島隆彦

質重税の保健制度改革）のせいで国内では人気がないですから。

佐藤　戦術的に、リバータリアンと民主党の穏健派がかつてなく近づいているのですか。

副島　そうです。本当にそういう言論人が何人か出てきています。バーニー・サンダース（バーモンド州選出上院議員）という議員がそうです。ヒラリーが大統領になったら、自分たちは民主党から分裂して出ていく、みたいな動きになるでしょう。ただし、実際にはできはしません。

黒人の次は女性が大統領になる路線ができている

副島　きっと次の大統領はヒラリーか、あるいは別の女性でしょう。大きな流れで、次は女性と決まっているようです。ヒラリーが〝女性の時代〟を、盛んにブランド化しようとしています。「黒人の次は女性」が標語になりつつあります。

だから次はウーマノミクス（女性学）で、女性の時代が来るとか騒いでいます。こいつらは、本当に恐ろしい女どもです。男を取って食いそうなヤツらです（笑）。

佐藤　アメリカの持っている潜在力を、順番に全部使っていくということですね。

副島　そうでしょう。黒人大統領の次は女性で、その次はヒスパニックを大統領にする。

それからユダヤ系の大統領が出る。こういう大きなデザインを、彼らはつくります。そして一旦決めたら、巨艦ですからなかなか急に方向は変えられない、と私は見ています。もしヒラリーに甲状腺がんとかが出て途中でやめる、ということになれば、次はエリザベス・ウォーレンというマサチューセッツ州選出の上院議員が出てくるでしょう。この人は64歳でハーヴァード大学の教授をしていた頭のいい女性です。

マサチューセッツ州は日本でいえば京都府のような古都で、ボストンがあります。エリザベス・ウォーレンはエドワード・〝テッド〟・ケネディの後釜ですから、穏健リベラル派なのですが、ニューヨークの金融財界からしてみれば、操りやすいということでしょう。

佐藤　女性だとしたら、共和党に候補は誰かいるのでしょうか。

副島　いません。共和党ははじめからやる気なしです。本選挙（2016年11月初め）で、実情を見ていると、ジェブ・ブッシュ（元フロリダ州知事）だろうが、マルコ・ルビオ（フロリダ州選出上院議員）だろうが、ダメでしょう。

だから、大統領選候補（tip《ティップ》）で切符を誰が取れるかといえば、私が期待するのは、負けるのがわかっているがゆえに、ランド・ポール（ケンタッキー州選出上院議員、52歳）です。頑固なリバータリアンのロン・ポール（テキサス州選出元下院議員）の息子です。ランド・ポールもリバータリアンです。

ヒラリーみたいな、立派な急進リベラルのふりをした凶暴な女は、本当は新しいネオコンです。「独裁国家を私たちアメリカの善意で打ち倒してあげましょう」と言って、独裁者を叩き潰す。まるで映画インディ（アナ）・ジョーンズの世界です。魔神の前で土下座している原住民を、白人の冒険家が、「この民衆を救い出す」と言って解放してあげるという、白人たちのズーズーしい、正義の味方のあの図式です。

それでヒラリーは国務長官時代に「アラブの春」というのを、あちこちでやりました。自分の子分たちに現地の青年たちをけしかけさせて、街頭に出て暴れさせた。チュニジア（2010年）、エジプト（2011年）、リビア（2011年）と次々に仕掛けた。

このとき、フェイスブックという裏のあるSNS（ソシアル・ネットワーキング・サービス）が大きな役割を果たした、とされます。トルコとイランでも若者暴動を起こさせた。これは鎮圧されて失敗しました。

「アラブの春」というコトバを日本の新聞で誰が使いだしたのかわかりません。英文記事では「アラブの反乱」Arab's uprising《アラブズ・アップライイジング》でした。それを勝手に「アラブの春」と造語した。アラブに春があるのでしょうか。「北国の春」ではないんですから。

ヒラリーはこのあと、一度、失脚しました。リビアで大失敗した。

佐藤　リビアでカダフィーを殺しましたね。それで大混乱が生じました。ビンラディン殺しも、彼女が国務長官のときでした。

副島　カダフィーが殺されてから（2011年10月20日）、1年後の2012年9月11日に、ヒラリーの直属の子分だったリビア大使のクリストファー・スティーブンスが、裸にされて引きずり回されて、リビア第2の都市ベンガジで殺されました。

ヒラリーはそのショックで、ゲロを吐いて倒れたのです。それでアメリカ上院議会から、「あなたの外交政策は失敗でした」と決議されて、国務長官をクビになったのです。その年末に軽い脳卒中を起こして、病院に担ぎ込まれました。

このヒラリーの直属の子分がカダフィー殺しを現場指揮した。ヒラリーもその直前、2日前にリビア入りしています。しかもカダフィー殺しを本当にやったのは、リビア人やアラブ人ではありません。アフガニスタン人の傭兵たちを連れて行ってやらせたのです。

2011年10月18日に、彼ら暴力団のような傭兵たちとヒラリーが仲良く一緒に写真を撮っています。アフガニスタン人の傭兵たちは米軍機に乗るための許可証を首からぶらさげている。リビアに送られて、ヒラリーに激励されて2日後にちゃんとカダフィーを殺しています。

ところがそのあと、米軍は、彼ら実行犯をアフガニスタンのカブール空港まで連れて帰って処分しました。口封じされたのです。傭兵たちを乗せた飛行機が着陸寸前のところを、

カダフィー殺しを実行する傭兵たちとヒラリー・クリントン米国務長官（当時）
（2011年10月18日、リビアのトリポリ空港にて　写真：ロイター／アフロ）

タリバン系の反政府ゲリラが、ドーンとロケット弾を撃ちこんだという事件の形にして、すべて殺して証拠隠滅《いんめつ》しました。

カダフィーは、死ぬ間際に真っ裸にされて、血だらけになって、ワーッとわめいてる映像がありました。

佐藤　あれはなぶり殺しですよ。

副島　しかしあれが本当の英雄の死に方なのでしょう。ただ、カダフィーを殺したことが、その後の北アフリカ全体にとって、どれだけよくなかったか。彼がアルカイーダや今のイスラム国のような凶暴な連中をずっと抑えつけてたわけですから。

佐藤　カダフィー政権が存続していれば、アルジェリアの人質事件（2013年1月）はなかったですからね。

副島　そうです。カダフィーがリビア国民に豊かな生活を保障し、周辺の国々まで安定させていた。カダフィーを殺したせいで、今、周囲のマリ、ニジェール、チャド、ナイジェリア（あのボコ・ハラムがいる）などでテロ事件が起きて争乱状態になってきました。

カダフィーは聖戦主義（ジハーディズム）に反対でした。カダフィーという人は、エジプトのナセル革命のときのバース党（アラブ社会主義運動）から出てきた人物です。

佐藤　あれは社会主義ですね。

副島　そうなのです。社会主義者なのです。日本人はここがわからない。アラブ世界はイスラム教で全部一緒みたいに思っています。

佐藤　だからカダフィーは、形は違っても、国民国家（ネイション・ステイト）をつくろうとしたわけです。だから宗教勢力とは別なのですね。

副島　私は、ヒラリーの日本にいる子分が、これから「アジアの春」だと言い出すのではないかと考えています。

佐藤　日本もその対象になる可能性はありますね。

副島　そうなったら、即座に私が摘発して筆誅《ひっちゅう》を加えます。ヒラリー戦略の正しい用語は「アジアに（戦争の）軸足を移す」Pivot to Asia です。

オバマ政権とキューバ・イラン・北朝鮮問題

移民問題からまず手を付けたハト派のオバマ

副島　今年（2015年）と来年、オバマには任期があと2年あります。8年間のうちの最後の2年を全力疾走する気です。サッカーでもバスケでも試合というのはそういうものではないですか。「ザ・ラスト・クォーター」が本当の勝負です。「オバマズ・レガシー（遺産）」という言葉が使われています。大統領としての遺産、業績を残すという意味です。

佐藤　歴史と戦い始めたわけですね。

副島　そうです。2014年の中間選挙で民主党はボロ負けしましたが、それでもいいのだと腹をくくったようです。「大統領命令（ディレクティヴ・アクションズ）だけでやってやる」ということです。法案は共和党が議会多数派で阻止しますから。

佐藤　実際、それで相当なことができますからね。

副島　できます。だからオバマは、今年、来年で、大きな戦争 large war を起こさせない歯止めをつくるだろうと、私は見ています。

オバマはこの2年間のうちに、ホップ、ステップ、ジャンプという計画で、「①キューバとの国交回復」、「②イランとの核抜き合意」、「③北朝鮮との交渉」の3つをやるでしょう。私は、２０１４年末にこの予測理論をつくりました。

オバマはまず、ヒスパニック系の違法移民に定住権を与えることをバタバタッとやりました。オバマはハワイでの休暇に出る直前の12月17日ぐらいから、違法滞在者（illegal alive《イリーガル・アライヴ》）や、ビザ切れ滞在者（overstayer《オーヴァーステイヤー》）というのですが、ビザ延長なしでそのまま居て違法就労している人たちに滞在許可を認めることにしました。

その次がグリーンカードの付与です。これは永住権と訳してもいいでしょう。

この次がシチズンシップ（市民権）です。ナショナリティ（国籍）と市民権は厳密には違いますが、ほとんど同じです。とりあえずこの3段階で、ヒスパニック系の違法滞在者とその子どもたち５００万人ぐらいが恩恵を受けることになります。南米諸国から出稼ぎでアメリカに来ている連中にとっては切実な問題です。

佐藤　強制送還になるかならないかというのは、死活問題ですからね。

副島　そうです。このオバマの大統領命令が、アメリカ民主党の大変な財産になりました。

南米全体のヒスパニック系で違法就労者たちですが、税金とかを納めてきた者たち５００万人が救われるということは、おそらく４０００万人ぐらいいるヒスパニック票を確実に取ったということです。

彼らを民主党に取り込んでしまいました。ただの民主党ではありません。オバマ系の穏健派のリベラルな民主党の財産にしました。ここが遺産《レガシー》の一つです。のちのちに共和党の保守派が「違法移民は出ていけ」と騒いでも、もう流れをひっくり返すことはできない。

佐藤　アメリカの場合、いまの経済水準を維持するつもりなら、移民の受け入れは、結局、避けては通れません。経済の理屈を考えたら無理です。彼らがアメリカ経済の下支えをしているわけですから。

副島　たしかに、農業もサーヴィス業も移民労働者で成り立っています。

メキシコとの国境にリオグランデ川があります。あの川を泳いで渡って、這い上がってきた人たちを「ウェット・バック」wet backと言います。泳いで川を渡ってきているから、背中が濡れている人たちという意味です。そのウェット・バックは許さん、違法入国移民は許さんという理屈が今もあります。ウェット・バックのくせに、いつの間にかシチズンシップを取って、テキサス州とかニューメキシコ州とかで、連邦下院議員にまでなっている人たちがいます。ヒスパニック系が40〜50人はいるでしょう。かなりの勢力です。

佐藤　共和党は、そのへんで何か手を打っているのですか。何もしていないのですか。

副島　共和党は、基本は保守で右翼《ライト》ですから、自主的に国境警備をする者たちがいる。撃ち殺しはしないけれども、越境者を捕まえて、警察に連絡するおじさんたちとかがいます。

ここで「バーブド・ワイヤー」barbed wireという言葉が使われます。バーブド・ワイヤーとはバラ線のことです。有刺鉄線、とげのついた鉄条網をメキシコとの国境線に全部敷け、というようなことを、私が大好きな右翼評論家のパット・ブキャナンが昔、書いていました。パット・ブキャナンはニクソン大統領のスピーチ・ライターをしていた人です。正直で素直な白人オヤジの本音の意見を公言できる人でした。

実感のところで言うと、共和党系の保守オヤジたちはみんなこういう感じなのです。バーブド・ワイヤーを国境線に敷け、と。「もうこれ以上入ってこないでくれ」「アメリカは白人たちの国なんだ」というのが保守派の本音だと思います。

佐藤　クー・クラックス・クランの仲間みたいな人たちですね。南部のほうで、ミニコミ紙を出しているような感じの人たちです。

副島　ただ、アメリカの白人保守オヤジの立場も複雑です。いちばん穏やかな人たちは、「私の農場に入ってこないでくれ」とか、「入り口に水とか置いてあるから、この水を飲んであっちへ行ってくれ」というようなやわらかい排除の動きをします。しかも農場主として彼ら密入国者に、低賃金の違法就労をさせてもいるわけです。複雑な感じですね。
今、オバマが移民を受け入れる流れをつくっても、大して反対は出ていません。オバマケアのときのような激しい反対は出ていません。

佐藤　それはやはり経済なのでしょう。共和党の連中にしても、自分たちが使いやすい労働力がほしい連中もいるということでしょうね。

副島　そうです。おそらくこの南米系の違法滞在者 illegal alive で入って来ている若い連中を上手にお金で釣って軍用労務者にして、傭兵 machinery にすると私は思います。
南米系は中東に連れていきやすい。顔つきが同じですからね。出稼ぎ労働者に鉄砲を持たせて、大した訓練もさせないで、現地に連れていけばいい。もうアメリカの正規軍の兵士は行きたがりません。

佐藤　正規軍は無理でしょう。

副島　もう無理です。あんなクソ暑い所に誰が行くか、という感じです。砂漠のキャンプではサンド・バグ（砂のダニ）という虫がいて、非常にかゆいそうです。原住民なら堪《こら》えられますが、よそ者は我慢できないでしょう。
だから今回は実際は全部、傭兵でやるでしょうね。米軍はこれからは、傭兵部隊になっていきます。それでこのあと、オバマはキューバとの国交回復の発表をしました。

アメリカは1977年から実質的にキューバと国交回復している

佐藤　ただ今回のキューバとの国交回復のニュースは膨らませすぎだと思います。米国務省の連中などキューバに山ほどいますから。じつはキューバには、1977年から米国務省の人間がたくさん行っています。

副島　レップ事務所（駐在員事務所。まず代表represenativesを送り込む）やリエゾン・オフィス（連絡事務所）があるということですね。

佐藤　そういうことです。キューバにはスイスが利益代表国（注：国交のない国家間に代わり事務処理や交渉事をする中立国）で、リエゾンオフィスがあります。スイス大使館の別館にアメリカの利益代表部もあるのです。そこに国務省の人間も行っているのです。

副島　ずっと観光旅行客もキューバに行っていますからね。年間17万人の観光客が入っている。ずっとこの20年ぐらいは受け入れています。それで外貨も稼いでいる。

佐藤　グァンタナモに、あれだけの基地をつくっているのですから。あれは永久租借で、1回目だけ、租借金をキューバはもらったらしいです。2回目からは取っていないらしいですね。キューバが本気になれば、あの基地を追い出そうとすれば追い出せました。昔はソ連の後ろ盾もありましたからね。

副島　グァンタナモ米軍基地はキューバの東の端っこですね。三重、四重の鉄条網がずーっと張ってあって、いつも臨戦態勢みたいにして守っている。そこへわざとらしく、イラクで捕まえたアルカイーダの活動家である政治犯を連れてきて拷問していたわけです。あれはやはり、キューバや南米全体に対する威嚇《いかく》だったのでしょう。アメリカに逆らうとお前らもこういう目に遭うぞ、と。

佐藤　それもあるのでしょう。結局、想定していない場所になってしまったのです。どこの法律にも属さない無法地帯になっている。

副島　捕虜収容所は軍用地そのものですね。

佐藤　そうです。基地しかありません。米西戦争（1898年）のときにスペインから獲得して、租借権を取ったところです。だから、アメリカの汚点というか、隙間ですね。

キューバのスイス大使館の中にアメリカの利益代表部が開設されたのは1977年ですから、もう38年になります。そのときから米国務省の人間が行っているわけですから、全く新しいことではない。今まで起きていたことを可視化させただけの話です。向こうはみんな知っている話です。

ただ、大使を任命するということになると、米議会を絡めないといけません。それだけアメリカ国内のキューバ・ロビーがもう弱くなったということでしょうか。

副島 キューバ・ロビーは、オバマの発表に相当激しく怒っているらしい。反カストロ派でキューバからの亡命者たちがいちばん怒っている。凶暴な、ナタやチェーンソーで殺しに来るような連中です。「オバマを殺してやる」みたいになっています。

佐藤 フロリダあたりに住んでいる人たちですね。

副島 そうです。マイアミあたりの恐ろしいやつらで、ジョン・F・ケネディの暗殺にも彼らが関わったと言われています。こいつら以外は騒いでいません。だからオバマは何ともないと思います。ただしこの反共キューバ人にもMoonie《ムーニー》（統一教会）が入り込んでいる。

佐藤 キューバ・ロビーというのは、昔は相当の力を持っている連中でした。

副島 そうです。今は数も少なくなっているようです。彼らを代表するのはジェブ・ブッシュという男です。フロリダ州知事を長くやっていました。奥さんがメキシコ人です。共和党で最有力の大統領候補ともいわれていますが、ジェブ・ブッシュは勝てないでしょう。

イランの核交渉再開で北朝鮮が孤立しはじめた

副島 オバマは「①キューバ国交回復」の次に「②イランとの核交渉」をやっています。

それから「③北朝鮮問題」に取り組むでしょう。オバマは、中国の習近平《シー・チンピン》国家主席と親密に話し合っています。習近平も、今の金正恩《キムジョンウン》体制を何とかしたいわけです。

オバマはまだ2年あるからその間に、北朝鮮の核兵器を抜く、取り上げる大仕事をやろうとしている。北朝鮮に暴走されて核兵器をぶっ放されたら一気に東アジアは混乱状態に陥る。「1994年のデイトン合意」以来の北朝鮮との核交渉をしようとしています。

2013年の11月にジュネーブでイランとの核開発の中止の交渉の暫定合意ができました。イランの核兵器の開発をやめさせるという話で、「あ、次は北朝鮮だ」と私は一瞬でわかりました。イランと北朝鮮はつながっていますからね。ノドン・ミサイルが、北朝鮮からイランとパキスタンに運び込まれて配備されています。

佐藤　そのとおりです。あともう1つは、地下工場ですよ。あの地下のトンネルを掘って、工場をつくる技術は、北朝鮮の技術ですから。

副島　アメリカは今から21年前のデイトン合意のときに、北朝鮮が核兵器らしきものを持ったと見た。

北朝鮮は旧ソ連の支援で、1950年代後半から核開発を進めていた。冷戦が終わってもおそらく、高いお金をもらって北朝鮮に居残ったソビエトの核技術者とロケット技術者が20人ぐらいいるのでしょう。おそらく彼らが教えながらつくったのです。

高純度に濃縮したプルトニウムと、それに発火装置を付けたものが核弾頭《ニュークレア・ウォーヘッド》です。これと弾道ミサイルの２つを合体させれば、核ミサイルの完成です。２０００キロメートルとか３０００キロメートル飛ぶ弾道《バリスティック》ミサイルが、核爆弾のデリバリー（運搬）システムです。正確に目標に到達するために人工衛星というものが必要だ。

人工衛星というのは、宇宙開発とか、そういう夢みたいな話ではなくて、実は核兵器を正確に飛ばすための技術のことです。こういうことも日本国民には秘密にされています。それが北朝鮮で１９９４年にほぼできていた。

そしてまず弾道（長距離）ミサイルのほうがパキスタン経由で、イスラム教圏に入り、ヘラートとかマザーリーシャリーフとか、あのへんを通ってイランのテヘランまで極秘で運ばれたのだと私は見ています。だから今回、イランが「核兵器の開発をやめる」と言ったことは、大きなことでした。

それで、北朝鮮もメロー（柔らか）になっていきました。自分だけが閉じ込められる。世界から抑えつけられる。これはもうたまらんという動きが北朝鮮内に出てきました。

ところがその一方で逆に凶暴な方向にも出た。それが２０１３年12月12日の張成沢《チャン・ソンテク》の処刑です。彼は12月７日に捕まって、12日に銃殺刑になって、蜂の巣にされて死んだそうです。

中国としては当然、怒ります。張成沢を通して、金正恩を懐柔《かいじゅう》しようとしていたのですから。中国は、北朝鮮にミャンマーみたいな国になってくれと思っている。軍事独裁国家であることをやめて、外側に開かれた国になってほしい。

佐藤　逆にもっと怖いシナリオがあったと思います。金正恩体制になったら、軽工業などを強化して、たしかに生活水準は上がっている。配給にも力を入れています。それに「母なる党」ということで、母性を強調しています。その結果、中国への依存度がどんどん高まっています。そうなると、中国はある段階から「もう大量破壊兵器の開発をやめろ。その代わり、中国の核の傘を貸してやる」と必ず言ってきます。

副島　このことを習近平は、オバマと話し込みました。それで、オバマがOKを出して、東アジアを安定させる、と合意したのです（オバマ・習近平会談。2014年3月24日。オランダ・ハーグでの第3回核安全保障サミットで）。

佐藤　そうなると、朝鮮半島というのは完全に中国の影響下に入ってしまいます。ロシアも大変だし、日本にとっても大変です。

今も北朝鮮と裏で交渉しているオバマ政権

副島　2014年12月に、北朝鮮の金正恩の暗殺を題材にしたコメディ映画『ザ・インタビュー』を制作した米ソニー・ピクチャーズエンタテインメント（SPE）のコンピュータが、サイバー攻撃を受ける事件がありました。アメリカは北朝鮮の犯行だと断定しました。オバマはこの件で、北朝鮮を非難すると見せかけながら、裏側でちゃんと交渉をしています。

北朝鮮はこのサイバー攻撃に関して「米朝共同で真実を探る委員会をつくる」と言っている。そして今回初めて、中国からのサイバーアタックがかかっているとも言いました。

佐藤　たしかに北朝鮮のサイトはいまアクセスしにくいですね。けっこう脆弱《ぜいじゃく》なのです。ただ北朝鮮は、サイバー攻撃対策に関しては最強です。鉄道も、水道も、電気も、すべてマニュアルでやっていますからね。機械と手計算でやって、ダイアグラムを組んでいます。だから、侵入のしようがないのです。

副島　北朝鮮では今、高層ビルがどんどん建っているそうですね。

佐藤　北朝鮮のほとんどのシステムはスタンド・アローンになっていると思います。だからビルだったらビル一つで、システムが完結しています。インターネットで横につながっていないから、サイバー攻撃にも耐えられるのです。

しかしスタンド・アローンでも仕掛けるやり方はあるにはあります。

副島　北朝鮮は思ったより豊かだそうですね。日本人が考えているように、絶望的な収容所国家ではないようです。

佐藤　今、北朝鮮はイデオロギー転換をしています。金日成・金正日主義と言っているのです。これはスターリンがマルクス主義をマルクス・レーニン主義に転換して、事実上のスターリン主義を確立させたのと一緒です。つまり、金日成・金正日主義の先に金正恩主義がある。金正恩主義が確立しつつあるのです。

どういうことか――。遺訓政治から脱却しているわけです。だから金正恩というのは、自分で判断できるのです。これは大きい変化ですよ。

しかし、私には、朝鮮半島情勢が今一つ見えません。統計上では、２０１４年の頭から、北朝鮮に中国からの石油は行ってないことになっています。しかしパイプラインを10カ月も止めていたら、もう動きません。あのパイプラインのインフラを潰しているのでしょうか？

統計上はゼロにしていても、やはり石油のスワップをやっているのではないかと私は思います。だからあそこのパイプラインは実際は、稼働していると思うのです。

副島　おそらく動いているのでしょう。私もそう思います。食料の輸送と燃料である石油のパイプラインを閉じたら北朝鮮は終わりです。今、北朝鮮は急にロシアと話し合いをしています。

佐藤　そうなると、今度は逆に完全にロシアにくっ付くしかなくなるわけです。

安倍政権の制裁解除で進む北朝鮮の弾道ミサイル開発

副島　だから北朝鮮は、日本に対してメローになったのでしょう。「助けてくれ」とは絶対言いませんが。それで、日本が米50万トンをすぐ送るみたいなことを言って、安倍政権は2014年7月に経済封鎖を解除しました。だから、アメリカがこの瞬間に怒ったのです。「日本は勝手な動きをするな」と。

佐藤　当たり前ですよ。だって弾道ミサイル開発用のカネを、日本から送れるようになったわけですから。

安倍首相は集団的自衛権に関する記者会見（2014年7月1日）のとき、母子がアメリカ船に乗っているイラストで説明していました。あのイラストは、明らかに朝鮮半島有事を想定したものです。それなのになぜ、一方で、北朝鮮への経済制裁を解除するのか。やはりやっていることがわからない政権は、不気味です。

特に北朝鮮の場合は、もう核開発をしています。核の小型化も時間の問題です。むしろ遅れていたのは弾道ミサイルのほうだったわけです。

ところが日本が制裁を解除して、弾道ミサイル開発が、かなり進むことになります。そういう意味で、安倍政権というのは何をわかっていて、何をわかっていないのか、よくわからない政権です。

副島　私が怖いのは、やはり北朝鮮の軍部の中にもいるであろう特殊な宗教勢力が、日本海に弾道ミサイルを発射してしまうことです。どうも日本に向かって弾道ミサイルが落ちて来そうだ。

その場所は、福井県沖の若狭湾《わかさ》だろうと予測できます。あそこには海上自衛隊の舞鶴の艦隊基地があり、第七艦隊のリエゾン基地もある。そうなったら日本は一気に、準《じゅん》軍事国家になります。それで、安保法制がどんどん通っていく。

佐藤　あそこには、小浜《おばま》の原発もあります。

副島　そうです。若狭湾の原発銀座のあのへんの海に落とすと予測できます。海岸線から22キロメートル以内が領海です。この領海内に落ちてきたら大騒ぎです。

佐藤　確かにおっしゃるように、北朝鮮が今、弾道ミサイルを日本の領海内に撃ち込めば、それだけで日本は高度国防国家になるでしょう。

安倍訪朝を許さなかったオバマ政権

副島　オバマは東アジア（極東《ファーイースト》）で戦火が上がることを阻止しようとしている。「中東《ミドルイースト》の次は極東《ファーイースト》だ」というのは悪いメタファー（暗喩）です。だから去年の8月にセリグ・ハリソン（元ワシントンポスト記者）という男と、それからダニエル・ラッセル国務次官補《ほ》（東アジア・太平洋担当）が北朝鮮に軍用機で飛んだらしい。

その前の7月17日には、ジョン・ケリー国務長官が、岸田文雄《きしだふみお》外相に「日本は勝手な動きをするな」と電話をかけてきた。このとき、実質的にアメリカは安倍訪朝を許さない、認めないと言ったようです。それまでは、飯島勲《いいじまいさお》（内閣府参与）の訪米、訪朝でずいぶん盛り上がっていました。

佐藤　そのちょっと前に、アメリカが重機かなんかを持ち込んで未帰還兵の調査に行くということがありました。それを日本の基地ウォッチャーと、それから軍用機のフライトレコードをずっと見てる連中が指摘して、それで外務省が動き出しました。すると外務省はアメリカから「それ以上は探るな」と文句を付けられたのです。

アメリカと北朝鮮は、その意味では互いにいい情報チャンネルを持っているのですね。

副島　北朝鮮問題とイラン核交渉はつながっています。それで、イランから核兵器を抜くという協議が暫定合意になりました。

イラン国内ではおそらく、イランの経済人たちが「これ以上の経済封鎖《サンクション》はたまらない」と最高指導者のハメネイに訴えたのでしょう。

佐藤　イランの聖職者たちは、石油、絨毯、ピスタチオなどのビジネスもしています。

副島　今のロウハニ大統領の後ろにはハメネイがいます。

しかしジュネーブ暫定合意は、延期になりました。7月まで先延ばしと言っています。

「核協議は2015年7月1日まで再延長」

イランと国連安全保障理事会常任理事国にドイツを加えた6ヵ国（P5＋1）との核協議は、交渉期限である11月24日までに合意に至らず、2015年7月1日まで延長されることになった。2013年11月に暫定合意がなされたものの、2014年7月に4ヵ月延長され、今回が再延長となる。今後7ヵ月の間に、イランの核開発の平和的な利用の保証と制裁解除に関する包括合意を目指すことになる。

（2014年11月27日　ジェトロ　通商弘報）

佐藤　ただ、イスラム国の要素があります。第2章でも説明しましたが、イスラム国と本家アルカイーダとの違いというのは、宗派性が非常に強いというところです。だからイスラム国はシーア派も敵にする。

そうなると「敵の敵は味方」という論理が働きます。だから、まさにオフショア・バランシングで、アメリカとしては、イランにイスラム国をやっつけさせたほうがいい。

副島　そうなりつつありますね。イランの正規軍が直接イスラム国を撃破する可能性が出ている。

佐藤　イランには、イラン正規軍より強い「イスラム革命防衛隊」という部隊があります。この部隊には対テロ訓練を受けた、すごく強い連中がいる。

彼らは普段は聖職者です。しかし迷彩服に着替えて機関銃やミサイルを持つと、地上戦でイスラム国の戦闘員を一人一殺で仕留めることができます。

ロウハニ大統領がイスラム革命防衛隊を出す可能性もあります。そうなるとそこから、イランとの関係で取引が出てきますね。

副島　だからジョン・ケリー国務長官が、イランとの交渉に張りついているのです。チャック・ヘーゲルは国防長官をクビになったけど、ジョン・ケリーはヒラリー派の圧力がかかってもクビにできない。それはケリーがイラン問題を押さえているからです。

　EU外務・安保政策上級代表（EU外相）だったキャサリン・アシュトンが、暫定合意のときケリーと抱き合って喜んでいました。本当はイラン核交渉はイギリスがいちばんやりたがっているようです。

佐藤　そうでしょうね。

副島　今回は本気なのです。「イランは遠心分離器を3分の1にまで減らせ」とか、そういう話し合いをしている。

　そして2013年12月27日に、暫定合意ができました。そのとき、これをひどく嫌がったのはサウジアラビアとイスラエルです。イスラエルのネタニヤフ首相はものすごく怒っていました。きっと彼らから見たら、自分たちの計画がずれたのでしょう。

ロックフェラー家の跡継ぎはビル・クリントン

副島　繰り返しになりますが、今のアメリカは、直接外国へ兵力を投入することをしない。このオフショア・バランシング理論を体現しているのが、CFR《シーエフアール》（Center on Foreign

Relations）派のバイデン副大統領です。バイデンこそはオフショア・バランシングの権化です。だから私は「大きな戦争はやらない」と決意しているバイデンに次の大統領になってほしいと思っています。しかし抑え込まれている。ヒラリー（2015年4月12日に出馬表明）を支持しているメディア界がバイデンをまったく無視しています。

2015年の5月までにバイデンの出馬表明がないと、もう無理でしょう。バイデンは今年で73歳になります。

佐藤 アメリカで73歳というとやっぱり年でしょうか。

副島 そうでしょうね。でも、元気いっぱいの男です。それにヒラリーも67歳です。

佐藤 オバマが異常に若いのですね。オバマは、大統領の任期が終わったこのあとどうするのでしょうか。

副島 ハワイに自分の大統領記念図書館（プレジデント・ライブラリー）をつくるかどうかという話をしていますね。これもレガシーです。

だから私は、この2年をオバマに期待するしかないのです。頑張ってくれと思います。彼は絶対に戦争開始の署名をしませんから。レガシーというのは、本当の意味は今のうちにいろんなところに、後になってからひっくり返すことができないような歯止めをしっかりかけておくということです。

オバマはこのことをよくわかっていると思います。奥さんのミシェルがしっかりしていますから。

佐藤　オバマは大統領の任期が終わってから、意外と評価されるかもしれません。

副島　そうでしょう。ところがアメリカというのは、外交の成果はまったく評価されない国です。オバマは、オバマケアでアメリカ国内での評判をだいぶ落としました。外交というのはアメリカ国民にとってはどうでもいいことのようです。

アメリカ人たちは、いつも国内の芸能人の話題などで、わいわいと騒いでいます。

佐藤　アメリカの南のほうは、本当にUFOとかを信じている人がたくさんいますから。

副島　そうです。キリスト教ファンダメンタリストばかり。

佐藤　地球は球体だと知らないアメリカ人も相当いるらしいですね。それから外国に一度も行ったことのないアメリカ人も多いです。

副島　いっぱいいますよ。7割ぐらいはそうだと思います。日本人は、アメリカというと、ニューヨークかカリフォルニアのことばかり思い浮かべます。

佐藤　そうですね。そんな判断をしたらダメですよ。

副島　私も、アメリカのど真ん中であるミッドウェスト（中西部）に、あまり行きません。泥臭い社会です。

テキサス州の隣にアーカンソー州があります。アーカンソー州で今回、トム・コットンというおかしな男が出てきました。38歳で共和党の上院議員になりました。ティーパーティの支持を受けて、リバータリアン派にまで潜り込んできたイラク戦争帰りの男です。アーミテージがこのトム・コットンの当選をものすごく喜んでいました。トム・コットンはオバマの対イラン交渉を公然と邪魔する動きにも出ました。

「米共和党議員：核合意、議会承認が必要…イランに書簡」

【ワシントン　和田浩明】米国の野党・共和党の上院議員47人は9日、イラン指導部あての公開書簡を発表し、イラン核問題の包括的解決を目指し米国などが進める国際交渉で合意が成立しても「次の大統領は取り消すかもしれない」などと指摘して、議会承認が必要だとの認識を示した。これに対し、オバマ大統領は「（合意に反対する）イランの強硬派と共通の目的を求めている」と強く批判、アーネスト大統領報道官も「交渉を邪魔し、軍事行動を求めるものだ」と指弾した。

書簡はトム・コットン議員が主導して作成。2016年大統領選に立候補の意欲を見せている4議員やマコネル院内総務らも署名している。（中略）

コットン議員はCNNに対し「イランは我々の最大の脅威。合意には議会承認が必要だ」と公開書簡を作成した理由を説明した。
（2015年3月10日付　毎日新聞）

副島　アーカンソー州というのは、ビル・クリントンが州知事をしていた州です。ビル・クリントンは、ウィンスロップ・ロックフェラーの隠し子です。地元の人たちははっきり言います。みんな知っている。それなのに、カリフォルニアとニューヨークでは誰も言わないことになっています（笑）。

ウィンスロップはロックフェラー家の四男坊です。直系の直系は、4世のジェイ・ロックフェラーです。彼は、ウェストバージニア州の上院議員をこの間、引退してしまってもうやる気なしです。ジェイから見たら叔父にあたるデイヴィッド・ロックフェラー（彼が現在の世界最高権力者。99歳）もそう長くはない。

そうなるとロックフェラー家には跡継ぎがいないのです。だから跡継ぎは、ビル・クリントンだという説があります。ヒラリーはその奥様だから、ロックフェラー家の理屈としては、「ウチの嫁が大統領になる」でちょうどいいということでしょう。

だから、2016年の大統領選挙は、ヒラリーが民主党候補になって、共和党はランド・ポールかな。

今のアメリカ政界を動かす政治思想

エドワード・スノーデンとリバータリアン思想

佐藤　元ＣＩＡ職員のエドワード・スノーデンが、ランド・ポールのことを「いちばん尊敬している政治家だ」と言っていました。スノーデンは、自分のことをリバータリアンだと言っていますね。

副島　そうです。スノーデン事件は、２０１３年の６月に起きました。彼はアメリカ政府そのもののスパイネットワークであるＮＳＡ《エヌエスエイ》（国家情報局）を解体させられるぐらいの大量の国家機密情報を盗み出して、今も持っています。

スノーデンは今は政治亡命者としてモスクワにいますが、プーチン大統領にも９割ぐらいの情報しか渡していないはずです。残りの１割は自分の命（自分の価値）を守るための保険です。

ＮＳＡは相当な打撃を受けました。ＮＳＡはアメリカ海軍系の情報機関です。世界中の政治家たちの動きや国家情報を通信傍受の技術で盗み出すことに長けています。ＣＩＡのほうは、それを見て、今はほくそ笑んでいる感じです。ＣＩＡがライバルのＮＳＡを叩き潰したのだ、という見方もあります。

安倍首相と麻生財務大臣が、オバマ大統領のことを、「あのクロンボ野郎」と下品に会話しているのをＮＳＡは傍受しています。だから、オバマは安倍が嫌いです（笑）。

スノーデンの事件は、その2年前に起きたジュリアン・アサンジのウィキリークス事件とつながっています。

佐藤　国際的無政府主義者のネットワークであるウィキリークスは、スノーデンを支援していますね。

副島　そうです。ジュリアン・アサンジと、エドワード・スノーデンが持っている強固な信念の感じがリバータリアン的です。国家の悪を暴《あば》くということになったら命懸けでやる、という感じです。私も同じです。

ところがプーチンは、スノーデンを嫌っています。スパイとしての訓練を受けた者が祖国を裏切って機密情報を大量に漏えいさせるなどということは、プーチンにとっては許しがたい行ないでしょう。「この世界に元《もと》インテリジェンス・オフィサー（スパイ情報将校）という言葉は存在しない」とプーチンは言ったそうです。

佐藤　ええ。そのあたりは面白いです。元KGB将校だったプーチンは、アメリカを裏切ったスノーデンには忌避反応を示しています。自らの意思でインテリジェンス機関に就職した者は、職から離れたあとも、国家のために尽くすというモラルを持つべきであるという信念です。

副島　だから「元《もと》インテリジェンス・オフィサー（情報部員）というコトバはない。スパイは死ぬまで現役だ」という意味ですね。

スノーデンのおかげでいちばんアタフタしたのはヒラリーです。ヒラリーは各国（アメリカの同盟国《アライ》）の指導者たちのことを散々悪口を言っていました。それらがすべてスノーデンの暴露で満天下にさらされました。

エジプトのムバラク大統領（失脚）、ブラジルのジルマ・ルセフ大統領、トルコのエルドアン大統領たちは、ヒラリーが自分たちのことをバカ、アホ、マヌケのように言っていたことがアメリカ政府公電が証拠付きであきらかになったので、怒ったようです。

それでヒラリーは世界中あちこちにゴメンナサイの行脚旅行をしていました。「悪気はなかった」みたいな言い訳をして回ったのです。このことでもヒラリーは心労がたたったはずです。

ヒラリーにしてみれば、「スノーデンは絶対に殺してやる」という感じでしょう。

2016年の大統領候補者を目指すランド・ポール

副島　リバータリアニズムに関して言うと、今の共和党の中で、ティーパーティという勢力が大きくなっています。この人たちは、「税金をこれ以上払いたくない」という小金持ち層の白人たちです。「税金が自分たちのために使われてない」と怒っているおばちゃんたちです。共和党のリバータリアン系は、反福祉、反官僚制、反税金です。

佐藤　要するに少負担・少福祉でかまわないということですよね。

副島　そうです。「福祉をこれ以上やるな。そして税金も取るな」という思想です。政府や役所が自分たちの生活やビジネスに干渉してくるのが大嫌いです。それで福祉の世話にもならない。そのかわり自分たちが餓死してもいいという思想です。

ですから、非常にここは大事なところで、外国が攻めてきたら、自衛武装して戦う。このアメリカの大地で戦う。核戦争なんか恐れない。自分たちの持っている猟銃だけで戦うという思想です。

だからアメリカが外国に干渉することを嫌います。わざわざアメリカの軍隊を派遣して他の国の人々を助ける、という考え方をしません。それぞれの国の人はそれぞれ生きてゆけばいいのだ、という冷酷な考えをします。だから、ヒラリーのようなグローバリスト（地球支配主義者）と徹底的に戦う立場です。

リバータリアンで下院議員のロン・ポールは、米議会でただ1人、イラク戦争決議に反対をしました。ところが今、ロン・ポールの息子のランド・ポールは、米軍の海外派兵も認める、みたいなことを言いだしています。２０１６年に共和党の大統領候補者になろうとしたら、やはり右翼化するしかない。

佐藤　それは本来のリバータリアンではないですね。

副島　はい。それでも、右翼体質を全面に出さないと、共和党で支持を集められません。

佐藤　保守層を捕まえることはできないのですね。

副島　だから戦術的にランド・ポールは右翼化していると私は善意で解釈しています。中東にも再び兵隊を出してもいいのだという彼の演説を最近読みました。逆に私はリアリティがあっていいかと思っています。

国防長官を辞めさせられたチャック・ヘーゲルは、「アメリカ合衆国の軍隊は、隣のカナダかメキシコにまでは出してもいい。それ以上は出さない」と言っていました。そこまでは出て戦うが、それ以上行く必要はないと言ったのです。

ヒラリー系の好戦的なグローバリストから見たら、ふざけるなという話です。ですから、アメリカは今、国論が真っ二つに割れているのです。

ここでもっと本当のことを言いますと、もともとのリバータリアンは右翼なのです。自分の銃で自分を守るという思想ですから。だから、「武装民兵」（ミリシア）と呼ばれる右翼の人々が、今もアパラチア山脈あたりの農園主でたくさんいます。彼らもリバータリアンの一種です。家の壁には、それこそ銃が何十丁も掛けてあります。郡保安官《シェリフ》や税務署員（ＩＲＳ《アイアールエス》）が勝手に自分の土地に入ってきたら撃ち殺してやる、という感じです。だからここではＫ　Ｋ　Ｋ《クー・クラックス・クラン》ともつながるのです。

ロン・ポール議員は上品にリバータリアニズムの精神を議会で演説し、何冊も本にしてきました。私の弟子たちがそのうちの2冊を翻訳して日本でも出版しています。『他人のカネで生きているアメリカ人に告ぐ』（２０１１年　佐藤研一朗・訳　成甲書房刊）、『ロン・ポールの連邦準備銀行を廃止せよ』（２０１２年　佐藤研一朗・訳　成甲書房刊）です。

ロン・ポールは、議員の傍《かたわ》ら産婦人科医として５０００人の赤ちゃんを取り上げた医者です。ものすごく頑丈な体をしているのです。

リバータリアンは「政治家は職業ではない。みんなの代表にすぎない」とはっきり言います。権力の腐敗というものに、ものすごく敏感です。

ところが本音で言うと、ロン・ポールも右翼オヤジでして、黒人やヒスパニックが嫌いなのです。少年時代から黒人の不良の恐ろしい大男と互角で対決しなければいけなかった白人たちの気構えのようなものが根底にある。

ロン・ポールの選挙区はテキサスですからね。アメリカ白人右翼オヤジの体質を丸だしにしながら生きてきたのです。

ファーガソンの黒人暴動を抑え込んだアル・シャープトン牧師

佐藤　そういえばアメリカの黒人問題もまた吹き出しました。2014年8月9日、ミズーリ州ファーガソンで白人警官による黒人射殺事件が起きて、対立が始まっています。

副島　白人警官たちを射殺する報復事件も繰り返し起きています。

あのファーガソンの暴動には、全米から「プラクシス・アクシス」という白人学生の過激派学生運動の組織も集まっていました。私はテレビ・ニュースを見ているだけでわかりました。ブラック・パンサー（黒豹党）系は今はもう高齢化して動けません。

CPUSA《シーピーユーエスエイ》というのがアメリカ共産党です。1980年代にもう衰退しています。ただそこから後に、いろいろな政治団体が生まれました。トロツカイト（Troskyte、ドイツ語ではトロウツキスト。レオン・トロツキーに従い「第4インターナショナル」を唱えた）系の新左翼知識人たちも、ここから生まれました。後のネオコン派はこの流れなのです。私はこういうことは自分の実感で手に取るようにわかります。

日本で自民党批判の評論活動もしているコンピュータ・ソフト会社社長のビル・トッテンさんが、いわゆる典型的なかつてのCPUSAの活動家ですね。

ミズーリ州セントルイスの郊外のファーガソンの暴動はFEMA《フィーマ》（Federal Emergency Management Agency）が抑え込みました。報道では、national guard《ナショナル・ガード》「州兵」が出動、としていました。本当は、federal guard《フェデラル・ガード》と言うべきなのです。

FEMA《フィーマ》は緊急事態庁と訳します。普通の警官隊とは違う暴動鎮圧用の軍隊です。FEMAは完全武装しています。FEMAが、すべての黒人のコミュニティ（ハーレム）をいつでも制圧できる態勢をとっています。緊急事態庁は正式には米国連邦災害対策管理局と訳すようです。FEMAは騒乱事件が起きてから出動する。

佐藤　それはいちばん狡猾《こうかつ》な手です。

副島　そう、うまいです。スーパーマーケットとかを、わーっと群衆に襲撃させて、物盗りをやらせてから全部を捕まえる。

佐藤　黒人たちを、単純犯罪行為として処罰するわけですね。

副島　そうです。暴動というのは、政治的な憎しみの行動であると同時に商店略奪の貧民行動でもあります。今回はうまく抑え込んだなという気がします。

ただし、いまは黒人のオバマ大統領の政権です。私が調べてわかったことですが、アル・シャープトンという人物が重要なようです。この人は老練な黒人活動家の牧師です。彼は、ニューヨーク全体の黒人たちを取りまとめている人で、ジェシー・ジャクソン（マーチン・ルーサー・キングの後継者）よりも、ずっと黒人たちの信頼がある。

このアル・シャープトンが間に入って黒人たちを抑えています。彼がオバマの特使という形で、黒人勢力と、オバマ政権の間で動いています。大事なことは、このアル・シャープトンが黒人のおばさんたち（婦人層）にものすごく人気があるということです。

黒人のおばさんたちに人気があるということは、黒人の不良少年たちを、上から抑えることができるということです。黒人の母親たちが、息子たちを叱りつける。だから非常に重要な役割なのです。黒人主婦層を通して、黒人全体を統率する力がアル・シャープトンにある。そのかわり黒人への社会福祉が行なわれる。

日本で言えば、創価学会（公明党）や共産党の市会議員たちが、福祉住宅に入れてあげる権限を全国で握っているのと同じです。

オバマ自身が、ニューヨークのコロンビア大学の学生のときに、アル・シャープトン牧師の説教（演説）を聴きに行っているはずです。そういう背景があります。

ネオコン思想の創始者ズビグネフ・ブレジンスキー

副島　コロンビア大学の学生だったオバマを見て、「この黒人青年はきっと伸びるから大統領にしよう」と考えたのが、コロンビア大学の教授をしていたズビグネフ・ブレジンスキー（1928年生まれ。87歳）という戦略家です。そして20年後にこのことを実現しました。ブレジンスキーは、私が思想研究として調べてわかったのですが、特殊な恐ろしい男です。

佐藤　彼はポーランド系ですね。

副島　そうです。ポーランドの貴族の末裔です。ポーランド人は、ロシアからも、ドイツからも差別されている人たちです。

ブレジンスキーは、ジミー・カーター大統領（任期1977〜1981年）の安全保障担当補佐官でしたが、本当はブレジンスキーがカーターの振付師ですべて操っていました。ご養育係です。オバマ大統領に対してもご養育係です。〝世界皇帝〟デイヴィッド・ロックフェラーに「この黒人青年を大統領にしましょう」と進言して許可を得て実現したのです。

ただイランでの人質救出作戦（イーグルクロー作戦。1980年4月24、25日）で失敗したものだから、カーターが一気に人気をなくして4年で退いた。そのときに「人道主義的介入」という言葉をブレジンスキーが使いました。

ブレジンスキーはずば抜けて優秀な男で、ヘンリー・キッシンジャーと同格です。ブレジンスキーがネオコン思想の創始者の1人と言っていい。しかし彼は民主党のままであり、〝レーガン・デモクラット（レーガン共和党に投票した民主党員たち）〟にはなりませんでした。

1997年に彼が出した『グランド・チェスボード』'The Grand Chessboard:American Primacy and its Geostrategic Imperatives' という本がものすごく重要です。翌1998年に、『ブレジンスキーの世界はこう動く』というヘンな日本語の書名で邦訳されました（山岡洋一・訳　日本経済新聞社刊　2003年に『地政学で世界を読む』と改題して日経ビジネス人文庫）。

あの本にきわめて精密に書いてあるとおり、2001年（9・11の年）末にはアフガニスタンへの米軍の進駐をやっています。あのへんの主要諸国を実に正確に分析している本です。その2年後の2003年3月からがイラク戦争です。

かつ、ブレジンスキーは、実に奇妙な点なのですが、極右かつ極左のどちらの活動家にも影響力を与えている不思議な知識人です。

アメリカの東部の7大学（アイビー・リーガーズ）のすべてに、ブレジンスキーが育てた保守派学生団体があります。だからブレジンスキーは反共産主義右翼の学生運動の指導者なのです。ところが、それと同時に、極左《トロツカイト》の学生運動を後ろから焚《た》きつけていて、それらの活動家の親分でもあるようです。

だから、日本の〝過激派の教祖〟と言われた吉本隆明とどこか似ている。政治イデオローグとして抜群の能力を持っていました。だからブレジンスキーは「民主党系ネオコン」の創始者なのです。

ネオコンに影響を与えたハンナ・アーレント

佐藤　元祖ネオコン思想家のアーヴィング・クリストルは、もともとニューヨーク市立大学のトロツキストでしたよね。

副島　そうです。みんな元は、トロツカイト（トロツキスト）なのです。アーヴィング・クリストルは『ナショナル・インタレスト』誌を60年代に創刊しています。これとノーマン・ポドーレツが主筆を続けた『コメンタリー』誌が重要です。

この2人がネオコン思想の創業者です。この周りに数百人のアメリカ左翼知識人が結集した。多くはユダヤ系の東欧移民たちから成る優秀な頭脳の人々です。彼らの「ソビエト憎し」の心情はものすごいものがあった。

ところが、彼ら自身が60年代に『パーチザン・レヴュー』誌を読んで育った人々だ。『パーチザン・レヴュー』というのは、先ほど説明したＣＰＵＳＡ《シーピーユーエスエイ》（アメリカ共産党、ユニシスト・パーティＵＳＡ）の機関誌なのです。

この複雑な流れの中からアメリカ知識人たちが勃興していった。私はこのあたりの研究家ですから、自分の20歳代からを振り返って懐かしくなります。

トロツカイトというのは、再びニューヨークに亡命してきたトロツキーの周りに集まった人々で、世界同時革命論者です。だから、ニューヨークには、第四インターナショナルの本部があり、貧しい東欧移民たちがお金を出し合って作った市民大学のようなところが活動拠点になったのです。

『エルサレムのアイヒマン』（１９６９年）や『全体主義の起源』（１９７４年）を書いたハンナ・アーレント（哲学者。１９０６〜１９７５年）もこの渦の中にいました。

佐藤　彼女はネオコンにも影響を与えています。

副島　そのとおりです。彼女の生涯を描いた映画『ハンナ・アーレント』（マルガレーテ・フォン・トロッタ監督。２０１２年）を観たら、アーレントは、創立期のイスラエル国家建設運動をやったイルグーン団の人たちといちばん近いところにいた人なのですね。ネオコン思想の創立メンバーそのものなのですよ。

佐藤　イルグーン団は、キング・デイヴィッド・ホテルを爆破したことで有名ですね（注：1946年7月22日の爆破事件。91名が死亡し46名が負傷した）。

副島　ハンナ・アーレントは、イスラエル建国運動の中にいた女性です。

かつて、ヨーロッパのユダヤ人たちの収容所（多くはポーランドにあった）で、カポ capo と呼ばれる人たちがいた。囚人の中の代表みたいな人たちで、ご飯を配る係や、囚人たちの労働割り当てをした。そのカポたちが、管理側であるナチスドイツ政権の看守たちとつながって、よい待遇をもらって、絶滅収容所から生き延びたという話があります。

佐藤　ナチスがそういう間接統治をしていました。

副島　そのカポだった人たちが、イスラエルを建国した幹部たちの中にいる。そういう批判がユダヤ人社会でありました。アーレントがそのことを暴いて書いてしまった。それで、てんやわんやになってしまいました。

佐藤　だからアーレントの本は、数年前までヘブライ語に翻訳されませんでした。『イエルサレムのアイヒマン』もそうでした。

副島　彼女は、知識人として真実を書いたという勇敢さがあります。このあと孤立しながら死んでいきました。

アイヒマンと取引したユダヤ人たち

佐藤　アーレントはナチスドイツの悪というものを、「悪の凡庸さ」という形で、悪一般の中に溶解させてしまいました。

アイヒマンが処刑されるのは、大量虐殺の許可を行なったからだとか、とりわけ彼が何か悪い意思決定をしたからということではなくて、ユダヤ人がこの世に存在することを認めずに、「ユダヤ人である」というだけの理由で、ユダヤ人を抹消する作業に関わったことに対する罪である、としたのです。

政治の世界において、命令に服従するということは命令に対する積極的な支持と同じなのであり、政治は子どもの遊び場ではない。そういうことをしたアイヒマンと、私たちユダヤ人は、席を一緒にはできない。だから、あなたは処刑されなければならないという理由をつけたのです。

だからアーレントは、アイヒマンの罪を、応報刑の話で処理していったのです。

副島　アイヒマン自身は、自分は管理職でも下のほうの人間で、「命令に従っただけだ」と反論しました。命令書が上から来たから、そのまま受け入れたと主張しました。

佐藤　ただ、アイヒマンというのは、ユダヤ人問題の研究家として自分で売り出していましたから、関与はもっと深いのです。

また、ある局面においては、自分はユダヤ人たちを救ったのだということを延々と主張しました。金持ちのユダヤ人からカネを取って、国外に出すという形のことをやっていたのですね。そうすると、アイヒマンと取引したユダヤ人たちはいったい誰なんだということになり、いろいろ余計なふたが開いてしまった。

副島　お金の力で収容所から脱出させる運動を、アーレントたちがやっていたのです。救出運動です。

佐藤　しかし、金持ちほど国外に出たがらなかったらしいですね。何とかなると思っていたようです。今までも何度もポグロム（ユダヤ人に対し行なわれる集団的迫害行為）があったし、ユダヤ人攻撃があったけれども、最終的にはエスタブリッシュされたユダヤ人は生き残ると考えていた。

ユルゲン・ハーバーマス（ドイツの哲学者）が『政治的・哲学的プロフィール』で書いていますが、ドイツの哲学というのは、じつはずっとドイツ人とドイツ化したユダヤ人の合作なのです。だからユダヤ人なしのドイツなんてあり得ないと考えていたようです。

副島　ユダヤ人がドイツの繁栄をつくったという考えが流布しています。戦後ドイツからユダヤ人がほとんどいなくなり、4万人ぐらいになったので、ドイツの学術・教養・文化のレベルが大きく落ちたそうですね。

佐藤　そうです。それをいまでも引きずっています。だから、いまでもドイツは、ユダヤ人がいたときの戦前の状態にまで回復できていません。ドイツのユダヤ人たちはアメリカへ行ってしまいました。

副島　アーレントは、ドイツのハイデガーの教え子（かつ愛人）として大変な高い評価と敬意を得ていた女性知識人です。

しかしアーレントがアイヒマン裁判の法廷傍聴記を『ニューヨーカー』誌に書いたときに、かつての仲間たちから、「お前とはもう二度と口を聞かない」と言われて、ニューヨークのユダヤ人社会から強く非難された。イスラエル国家情報部の幹部になっていた、かつての友人たちからも憎まれました。

思想劣化した第4世代ネオコン

副島　アーレントと共に、ニューヨーク市立大学を活動拠点にしていたユダヤ人青年たちは、同時に強烈なイスラエル建国運動（シオニスト、Zionist《ザイオニスト》）の活動家でもありました。

彼らトロツカイトの青年たちは、ソビエト憎しの情熱が高まって、それで80年代レーガン政権時代に思想転換して、政府高官になっていった。だからアーヴィング・クリストルとノーマン・ポドーレッツが、Neo Conservativism ネオコンサヴァティヴィズム（新保守主義）の始まりです。

私は、40年前からずっとアメリカの知識人雑誌を読んでいまして、自分の思想形成に近いということがあって、ずっと調べてきましたのでよくわかるのです。極左の過激派の理論家のなかの、いちばん頭のいい連中が、民主党から共和党に移っていってレーガン政権の対外政策の実質を握っていった。それがジーン・カークパトリック女史たち第1世代のネオコンです。

今のネオコン世代は、第4世代のネオコンです。ブッシュ政権時にイラク戦争を推進したリチャード・パールたちは、もう消えていなくなりました。今はデイヴィッド・フラム（ブッシュ政権のスピーチライター）とロバート・ケーガン（ブルッキングス研究所上席フェロー）とかでしょう。ケーガンの奥さんがあのヴィクトリア・ヌーランド国務次官補です。

国務次官補というのは、小さな国々（日本を含む）の大統領や首相と同格です。アメリカは世界を6つの地域に分けて、それぞれに担当をおいています。だから国務次官補は、6人います。東アジア担当（日本を含む）は、今はダニエル・ラッセルがやっています。

私はこの第4世代のネオコンたちがものすごく思想劣化して、統一教会レベルまで落ちてしまっていることが不愉快で仕方がない。こいつらは、あちこちの他の宗教団体（日本の仏教や神道の）にまで潜り込んでいきます。

佐藤　加入戦術ですね。

副島　そのとおりです。今、世界が不安定になっている最大の原因は、この危険集団である第4世代ネオコンと統一教会（ユニフィケイション・チャーチ）とヒラリー派です。

もうひとりポール・ウォルフォヴィッツ（イラク戦争のときの国防副長官。その後、世界銀行総裁）が香港や台湾の学生運動の背後にいる。議事堂に学生たちを乱入占拠させたり（台湾の「雨傘革命」）して、中国からの離反を扇動している。

この工作はかなりうまくいきました。中国の北京政府は学生たちの背後まで知っていますから、苦虫をかみつぶした感じで冷静に対応しました。

イスラエルの利権代表のヒラリーは隠れユダヤ人

副島　じつはヒラリーは、ウェズリー女子大（名門のセブンシスターズの一つ）のときからの活動家でした。ヒラリーたちの時代はベトナム戦争真っ盛りでしたから。

このことが今、彼女の経歴の傷になっています。ヒラリーにしてみれば不愉快でしょう。

佐藤　ヒラリーはいつから、ネオコン思想に近づいていったのですか。

副島　どうもエール大学の大学院（ここでビルと知り合った）の学生のときに、過激派みたいな博士論文を書いているようです。それは表に出せない。だから出させないようにしている。

佐藤　だから今度は彼女は、民主主義を世界に輸出するというような感じになっていったのですね。

副島　その根源がトロツキズムの世界同時革命論です。ネオコン派に脈々とつながる考え方です。だから彼女は、精神構造上は、ネオコンなのです。本人の主観としてはリベラル左派のままネオコンです。

佐藤　それはわかりやすいですね。

副島　あと、ヒラリーはニューヨーク州選出上院議員でしたから、ニューヨークのユダヤ人たちの利権、利益代表でもあります。

佐藤　イスラエル国民よりも、アメリカのほうがユダヤ人の数は多いです。

副島　そうですね。イスラエルは人口800万人のうち、ユダヤ人は600万人ぐらいでしょう。それに対してアメリカ合衆国（人口3億1700万人）には600万人のユダヤ系がいます。だが、本当はもっと多くて、2000万人ぐらいいるでしょう。ユダヤ教徒でなくても、ユダヤ人の血筋を持つ人々がかなりいて、closet jew《クローゼット・ジュー》「隠れユダヤ人」と呼ばれます。その人々まで加えれば確かに一大勢力です。

ヒラリー・ロッダム・クリントンは、ロッダム家というオランダ系のユダヤ人の家系です。ニューヨークの金持ち層のユダヤ人が、イスラエルに多額の寄付金を送っています。その資金を彼らが一所懸命につないでいる。かつて日本のパチンコ業界が、北朝鮮の国家予算の2割ぐらいをつくっていたのと同じです。

イスラエルには、今のベンヤミン・ネタニヤフの前の大統領のアリエル・シャロンとか、メナヘム・ベギンとか、今のツィッピー・リヴニ女史という恐ろしい人たちがいます。ああいう人たちはダヴィド・ベングリオンの伝統を引いている人たちだ。アメリカの大統領や官僚たちでも彼らに会うと顔がひきつっています。

ベングリオンがイスラエル建国の父であり、創立者です。

イツハク・ラビンが首相のときに（1992〜1995年。1995年に暗殺）、パレスチナとの和平交渉をしたのが重要でした（1993年のオスロ合意）。

ラビンはイスラエル労働党で、イスラエル国民の中のリベラル派です。今のネタニヤフたち保守派はパレスチナと平和交渉をする気がない。それでオバマを含めて、欧米の指導者たちが怒っている。

佐藤　イスラエルには、アヴィグドール・リーバーマン外相みたいな政治家もいます。ソ連時代のモルドバでナイトクラブの用心棒をやっていた。

副島　アメリカには同じ苗字のジョセフ・リーバマンというコネチカット州選出の上院議員がいました。あの人はイスラエル支持者でヒラリーの愛人ですよ。抱き合うようにして写っていました。だからヒラリーはリーバマンとのつながりが今も強い。リーバマンが今も、アメリカとイスラエル政府の連絡係をやっているでしょう。ヒラリーはイスラエル保守派とガッチリ組んでいます。

戦争はアメリカの公共〝破壊〟事業である

副島　ですからヒラリーが大統領になったら、本当に世界は危ない。第3次世界大戦という言葉がチラホラ出てきています。ヒラリーはラージウォー（大きな戦争）をやるでしょう。極東でも戦争をやります。やらないとアメリカが保《も》たないです。

佐藤　戦争はアメリカの公共事業です。

副島　そう、公共事業の一種で、公共〝破壊〟事業です。私がつくったコトバです。生産事業ではないのです。破壊して回って、そのあとまた都市をつくり直す。

佐藤　しかも今度は、軍のリシャッフル（再編）につながります。

　今や、ドローンの時代です。空軍はどうするのでしょうか。空軍や海兵隊は要らなくなります。あとは、プライベートカンパニーの傭兵部隊でやっていけばいい。警備保障会社とドローンとサイバーと潜水艦があれば大丈夫です。

副島　だからチャック・ヘーゲル（前国防長官）は、オバマと力を合わせて、米軍の海外駐留軍（前方展開部隊《フォワード・デプロイメント》）を54万人から48万人に減らしました。それがヘーゲルのお仕事だった。だから軍人たちには嫌われたでしょう。

「リストラされるのだから年金をくれ」とか「退職金をくれ」とかうるさく言われたでしょう。嫌がられることをやるのが本当の政治家の仕事です。

　特にあちこちの海兵隊の基地をどんどん閉鎖しています。だから沖縄の普天間の海兵隊基地の閉鎖（グアムへの移転の形にする）はもう決まったのです。知らないのは日本人だけだ。

佐藤　その関係で沖縄県の翁長雄志知事は辺野古（沖縄県名護市）に新しい基地をつくらせないと言っていますが、これは現実的な話なのです。

第5章
行き詰まる日本経済
──余剰の時代の生き延び方

ピケティ、マルクス、ケインズの思想と
倒錯する経済政策

ピケティの『21世紀の資本』の思想を読み解く

ピケティ理論の結論は国家統制強化に行きつく

佐藤　副島さんがお書きになった『税金官僚から　逃がせ隠せ個人資産』（2013年　幻冬舎刊）は、本当に真実を突いていると思いました。これからは、資産5000万円から5億円の小金持ちが狙われる。気をつけないといけないというご指摘でした。しかし逃げろといっても資産5億円以下の金持ちはなかなか逃げられません。

5億円で一つの線を引いたというのは正解だと思います。たしかに私の皮膚感覚で周囲を見ても、資産が5億円を超えると海外に逃げますね。5億円までだったら、やはり躊《ちゅう》躇《ちょ》して国内に留まる。

副島　そうですね。資産が自宅1軒（1億円）と賃貸アパート1棟みたいな人たちは、自分の仕事もあるし、なかなか逃げられない。しかし5億円から10億円になると、もう家まで全部処分して、マレーシアとかタイに逃げています。

資産100億円クラスの人たちも、2万人ぐらい逃げているようです。もうこの国《くに》にいたら、どれだけ国からふんだくられるかわかりませんからね。

佐藤　取れるところから取るという話ですからね。小金持ちから取るというところまできている。やはり注意しないといけませんね。

副島　トマ・ピケティ（パリ経済学校教授）の『21世紀の資本』（みすず書房刊）が、ものすごく売れています。2015年3月現在で10万部以上売れたそうです。

私は、このピケティの本はスゴい本だとわかりました。おそらく、まさしく「21世紀の資本論」です。ピケティ本人はイヤがっているようですが、彼はカール・マルクスの再来だと思います。

ただ、このピケティの本で私が問題だと思う箇所があります。それは、いちばん最後のほうのページ、本当にもう5ページぐらいしかない結論《コンクルージョン》のところに出ています。

佐藤　資本税という形で、「資本に対して年次の累進課税」というのをやるべきだ、としている。ここが、この本のいちばん怖いところですね。

副島　そうです。要約すると「正しい解決策は資本に対する年次累進課税である」と。「これにより果てしない不平等スパイラルを避けつつ、一時蓄積（資本の原始的蓄積）の新しい機会がつくられる」と言っています。

佐藤　だからこれは、国家資本主義ということです。要するに国家が富裕層から税金を取り立てて、資本を蓄積する。一時蓄積という形で、資本を持つのは、おそらく国になる。

だから国家が、誰かイノベーションを起こしたいという国民がいたら「カネを出してやるからやってごらん」とカネを与えるという話です。

副島　ピケティの言っているのは、資本の原始的蓄積の機会を奪われているということです。どんな人でも努力すれば、資本家（金持ち）になれるのですよ、という夢が与えられなくなる、とピケティは言っています。だから、資本税（富裕層への新たな資産課税）を課すべきだ、とピケティは書いている。

佐藤　それは、どんな人に対しても国が資本を与えてくれる場合があるということですね。いずれにせよ、これは国家統制の極端な強化ということです。

副島　国がやる気のある人には、資産家（金持ち）になるチャンスを与える、ということですね。実際には資本税をかけても平等には向かわない。この点で、佐藤さんと意見が一致して非常にうれしい。

有名になったピケティの不等式（r ＞《大なり》 g）というのは資本収益率（r）のほうが、国民経済の成長率（g）より高いので格差が生まれる。これがピケティの主張です。

ピケティは、様々な理論を彫琢《ちょうたく》しぬいて、彼の専門であるデモグラフィー（人口統計学。

人間の動態学）の200年間の厳格なデータ（資料）から導き出しました。その上で、格差が生まれるのはいけないという議論をしています。しかし社会に格差は必要だ。

佐藤　そうですね。格差のない資本主義というのはあり得ません。この本でいちばん面白いのは、金持ちに関する統計が整っていないということがわかるというところですね。金持ちの統計に関する部分を何でやっているかといったら、『フォーブス』誌の長者番付（これは信用できないけど）と、ハーヴァード大学などの大学の投資基金の明らかにしているところから類推しているだけです。

逆に富裕層の部分の統計は明らかになっていない。このことがはっきりするというところに意味があると思います。

副島　そうですね。本当の超富裕層の人々の実態があきらかになっていない。

私は、もう20年近く、金融本を書いています。モルガン・スタンレーとシティバンクの調査がずっとあって、日本の富裕層の数はだいたい80万人と決まっている。金融資産だけで1億円以上の人々です。それが80万人いる。この人々は、おそらくこれの10倍の土地建物（不動産資産）を持っている。

金融資産の統計だけで、それ以外はないのです。家屋敷などの建物の評価はないのですよ。株や債券や外貨資産などの金融資産だけで1億円以上ある人が80万人です。

佐藤　たとえば昔の堤義明《つつみよしあき》氏みたいに、コクドという法人に全部持たせていた人は、そこには入らない。だからピケティの本は、法人課税の問題をまじめにやっていないのです。

やはり、マルクスの経済学でいちばんいいところは、賃金と利潤というのを分けたところです。賃金は生産論で決まるということですね。

たとえば中堅の大学を出てサラリーマンになって、年収300万円を得ている人間と、アイビーリーグを出てヘッジファンドのマネージャーになって、年間10億円を得ているような人間を、同じ労働者として比べたらいけないのです。後者は資本の中の利潤の分配を受けているわけですから。

「マルクスの基本定理」は有効なのか

副島　ピケティの本が前提に置いている、第1章、第2章は、日本の置塩信雄《おきしおのぶお》（神戸大学教授　1927〜2003年）さんがつくった「マルクスの基本定理」という考え方ではないでしょうか（注：マルクスの主張を数式に置き換えたもの。1954年に置塩信雄が最初に提起した。この定理は森嶋通夫《もりしまみちお》の著作を通して広まった）。
ところが、ピケティの本を調べても、どこにもそう書いていない。しかし年齢から数えると、ピケティは、森嶋通夫（1923〜2004年）が教鞭を執っていたロンドン（大学）スクール・オブ・エコノミクスLSE《エルエスイー》で最後の頃に習った可能性がある。

佐藤　その可能性はあると思います。ただ、ピケティの場合、労働力の商品化という発想が全然ありませんね。

副島　そうです。どうも労働価値説を拒否していますね。労働価値説（ザ・ヴァリュー・セオリー・オブ・ワーク）を大前提として剰余価値（サープラス・ヴァリュー）の論理を数学モデルにしたのが置塩と森嶋です。

置塩と森嶋が、理論経済学（欧米の経済学）の枠の中に、マルクス経済学を入れてつくった方程式が「マルクスの基本定理」です。これが有効なのかどうかがわからない。どうも、アメリカの経済学界の経済学者たちが、認めていない。だから森嶋道夫はノーベル経済学賞をもらえなかった。

本当は、森嶋はたくさんの経済学の数学モデルをつくった人だから、もらうべきだったのです。今でも経済学の王道であるケインズ経済学は、

Y（国民所得）＝C（消費　Consumption）＋I（投資　Investment）

という式からすべてが出来上がっています。置塩信雄は、マルクスの思想をそれと同じような方程式にした。非常に大きな試みです。こんなことは日本人にしかできない。日本のマルクス主義経済学を西欧化した。

佐藤　計量経済学ですね。

副島　そうです。理論経済学とは、計量経済学《エコノメトリックス》のことです。この数学モデルのほうに寄り添っていったのです。

X（商品の価値）＝C（生産財）＋N（労働）＞《大なり》C（生産財）＋V（賃金）

という式で、商品の価値は生産財（工場や機械）と労働から成るという方程式にした。森嶋通夫の『マルクスの経済学――価値と成長の二重の理論』'Marx's Economics:A dual theory of value and growth'（1974年　高須賀義博訳　東洋経済新報社）という本です。

ケインズがやった、国民所得（Y）は、消費（C）と投資（I）からできているという式を真似て、商品の価値は、労働が生み出した部分が大きい、とした。欧米の学界で、これが通用しているのかどうか。

資本家と労働者との力の均衡点

副島　剰余価値（サープラス・ヴァリュー　surplus value）という考え方をマルクスが発見（創造）しました。これが資本家による搾取《さくしゅ》（イクスプロイテイション　exploitation）につながります。今の言葉でいえば労働分配率です。

これをわかりやすく説明すると、「経営者は利益が出た以上は、それをもっと従業員に分配せよ。さもなければ泥棒だ」という考えですね。

佐藤　マルクス経済学の場合は、労働者は利潤の分配に預からないです。最初の生産のところで賃金は決まってしまいます。分配というのは、あくまでも資本家、あと地代を取る地主の間でやっている話ですからね。

ピケティがダメなのは、賃金論がないことですね。だから先の例で言えば、賢いヤツは投資銀行に勤めて、2億円も3億円ももらうという発想になってしまう。それは賢いのではなくて、搾取しているだけなのですよ。

副島　そうですね。マルクスは商品の価値の3要素を、賃金（労働者の取り分）と利潤（資本家）と地代（地主）としました。

私が突き詰めて言い切ると、経営者（＝資本家）からしてみれば、「俺がこの会社をやってお前たち従業員100人を雇っているのだ。言われたとおり働け。会社が利益（利潤）を上げているのは、俺の才覚だ」と言うでしょう。

「俺の経営の博奕《ばくち》の才能でやっているんだ。市場という恐ろしいところで、もがき苦しんで利益を出しているのは俺の才能だ。そのおこぼれをお前らに渡しているだけであって、お前らに労働分配率（＝剰余価値）とかあるわけがない」と断言すると思います。

佐藤　逆を言うと、労働者の側から立ってくる論理は別ですね。労働者が必要なのは、賃金であと1カ月働くためのエネルギーを蓄えることです。そのために家を借りる。労働者は家を買えません。

日本のような40年ローンというのは、一生借りているのと一緒です。ローンを払い終える頃に、資産価値のないマンションが最後に手元に残っても、意味はないですから。

そうして、賃金でご飯を食べて、服を買って、ちょっとしたレジャーをして、さらにそのあと1カ月働けるエネルギーを蓄えることですね。

副島　その賃金（月給）には子どもを大学まで出すということも含まれますね。

佐藤　それと、技術革新に対応できるように学習すること。自己学習のためにかかる微々たる費用が必要だ、とマルクスは『資本論』で言っています。

ただ、これは、資本主義がまともに回っているときの、事後的な概念です。個別の資本（企業）からすれば、労働者の希望は、できるだけ切り落としていきたい。

だから、そこは激しい階級闘争になります。労働組合をつくるか、あるいはものすごく恐ろしい従業員になって、経営者を揺さぶりながらやっていく。これぐらいしかないですよ。利潤から金を取れるはずがないのです。

逆に労働者が抵抗して会社を潰してしまったら、意味がなくなります。資本主義システムの中で搾取しない資本家というのは、倒産した資本家だけです。倒産した資本家は賃金が払えないから、労働者にとっては最悪です。

副島　すでにもう資本家ではないですからね。

カール・マルクス
（1818〜1883年）

佐藤　ええ。だからその意味で、力の均衡点を見つけるということを、どうもみんな間違えていると思います。ある種の事柄というのは利害が一致しないのです。相手の主張が理解できてもそれで納得するわけではない。

マルクスは、資本家と労働者は権利的に対等であると言いました。対等である場所においては、暴力がその水準を決めるということで、その背後にあるのはまさに力（ゲヴァルト）なのです。

私にしても副島さんにしても、特定の相手に対してはときどきエキセントリックになる感じにしておかないと、ナメられてしまいます。それと同じことです。

課税による富の再分配は「大審問官の世界」

副島　そりゃいいや。ピケティの話に戻しますと、私の弟子の1人の吉田祐二君が、『21世紀の資本』にありふれた好意的な書評を書きました。それで私は彼を叱《しか》りました。
私はピケティの本は偉大な本だとわかりました。しかしその結論部分の「グローバルな資本主義を富裕層に課すべきだ」に大反対です。「課税で公平を実現してはいかん。国家の課税で人間の収入の平等を実現するというのは、とんでもない考えだ」と言ったのです。
佐藤　それは暴力装置によって平等を実現するということですからね。それはもうドストエフスキーの小説『カラマーゾフの兄弟』に出てくる大審問官の世界で、国家社会主義です。
副島　そのとおり。国税庁は、今でも平気で言っている。「富の再分配機能」という言葉です。課税による富の再分配で平等社会を実現する、課税によって金持ちからたくさん取り、福祉《ウエルフエア》を必要とする人たちに回すという理屈です。

まるで徴税官である自分たちが、正義の実行者みたいな振りをする。とんでもない考えです。これこそがまさしく中間搾取（インターミーディエット・イクスプロイテイション）です。これこそまさしく強盗だ。国家と役人が平等社会を実現する、などというのは許し難い倒錯（パーヴァージョン）の理論です。

佐藤　自分たちが飯を食うために、そうやって税金を収奪している。それをごまかすための理屈ですから。

副島　税金官僚、役人、徴税官が、自分たちを正当化したうえに、さらに大審問官（グランド・インクイジター）になってしまいます。

佐藤　何の仕事もしないのに。

副島　そう。何も生産活動を彼らはしていないのにです。だから私は弟子に、「いいか。格差の是正というのは、その国が、経済成長したときにできるものだ。貧乏でどうしようもない国は、貧乏国民と奴隷主と王様ぐらいしかいない。ある社会が成長、繁栄したときに、その程度に応じて平等は実現されるのである。国家制度や課税制度によって平等を実現するというのはとんでもない考えだ」

と言いました。今の日本がまさしくそうです。もう20年も不況が続いている。国民生活は赤貧洗うが如《ごと》しの状況になっています。

佐藤　要するに国家と社会の関係というのを混同しているのです。産業社会以降になると、原則として国家と社会の両方があります。たとえば狩猟採集社会だったら、社会しかありません。国家などない。

　農耕社会だと、社会と国家がある場合とない場合があります。東日本大震災の直後は、ある期間、日本でも「国家」は不在でした。ところが国家が不在でもみんなとりあえず生きていけたのです。

副島　行政機能が低下したという意味ですね。あるいは、日本国民があのとき、茫然《ぼうぜん》自失した。行政という言葉で局限化するか、政府という言葉でまとめるかで、国家は姿形を変えますね。

　ドイツにはドイツ官房学しかありませんでした。フランスだったら公益の理論（公役務《こうえきむ》のための政府）みたいな感じです。いちばんインチキくさい啓蒙専制君主であったフリードリヒ2世（大王　1740～1786年）は、「私は民衆の僕《しもべ》である」みたいなことを平気で言っていて、それでヴォルテール（1694～1778年）から「おまえは偽善者だ」と嫌われたのです。

佐藤　着物を着換えるわけですね。皇帝はオフィシャル・ナショナリズムで、着物を着換えることによって、民衆の代表の顔をするのです。

資本の過剰とケインズ経済学

ジャン＝ジャック・ルソーとファシズムの論理

副島　ヴォルテールの『カンディード』（1759年）という小説があります。この小説は出版されるや、フランスだけではなく、ヨーロッパ全体で大変な人気を博しました。この本はそれまでのヨーロッパで最大の権威を誇っていたゴットフリート・ライプニッツ（1646〜1716年）の思想に対する激しい批判の書です。

何を批判したかというと、ライプニッツが唱えた「この世のすべては最善《オプティマム》の状態にある」「すべての問題は解決する（答えがある）」。このオプティミズム（楽天主義、最善説）をヴォルテールは厳しく批判しました。

「オプティマム」というのは「最適」という意味です。あと「光が当たる」という意味もあります。オプティミズムとは、予定調和的に、常に最善の形で、この世界が最適状態が保たれているという思想です。当時、100年間続いていた支配思想です。

佐藤　モナドロジー（単子論）ですね。モナド（単子）とはライプニッツの造語で、神以外にモナドを創ることも消すこともできない。モナドは大きくなったり小さくなったりはするけれども、消え去ることはなくて、予定調和ができるという考えですね。

副島　そうです。最善説《オプティミズム》の別名が予定調和説《プレデスティネイション》です。ヴォルテールは、そのことをカンディード（主人公の名前。無邪気、天真爛漫の意）という言葉で表して嘲笑《ちょうしょう》しました。「世の中そんな甘くないんだ」と反論したのです。

啓蒙主義《エンライトメント》の初期の連中は、「問題（命題《プロポジション》）が提出されたということは、その問題は解決するのだ」と1750年代まで考えていました。当時の支配者たちと知識層は、ヨーロッパ市民社会は理想の状態にあり、さらに大きく発展すると信じ込んでいたようです。ところが、ヴォルテールは「そんなわけにはいかない」と言い始めた。そこがヴォルテールの非常に重要な意義です。

もう1人、ヴォルテールが、ずっと闘った相手が、ジャン＝ジャック・ルソー（1712～1778年）です。ルソーは人類（人間）の絶対平等主義を唱えて、このあとのフランス大革命をやらせた男です。生い立ちが不幸で、ゆがんだ青春を送った男でした。

ルソーから絶対平等主義の思想《イデー》が始まり、それが後のファシズムになっていった。ですから全体主義とファシズム生みの親はルソーです。

マルクスもルソーを嫌いました。それからジョン・メイナード・ケインズ卿（1883〜1946年）もルソーをものすごく嫌っています。優れた思想家ほどルソーを嫌っています。

ピケティという人はどうもルソーの系譜につながるフランス人ではないか。フランス社会党の中の左派の過激派のようです。

佐藤　そう思います。ルソーに関しては、通俗本ではポール・ジョンソン（歴史家）という人がいます。『ユダヤ人の歴史』を書いた、イギリスの「インディペンデント」紙によく寄稿する知識人です。

彼の『インテレクチュアルズ』という本が非常にいいですよ。その中でルソーというのが人格的にどれぐらい破綻していたかを描いています。ルソーは自分の子どもの面倒も全然見なかった。それでやはり国家主義者であったと書いています。

副島　そうですね。今でも日本ではルソーの『エミール』を教育学部などでは必読書にしていて、優れた教師になるための指針にしている。なんでもかんでも人間は皆、善であり平等という思想の教祖です。

ルソーは、一般意志《ヴォロンテ・ジェネラール》（普遍意志）という理論をつくった。人は生まれたときに、この一般意志によってフランス国と契約を結んだ、とします。だから、すべてのフランス人が兵役の義務を持ち、税金を納める義務を持つとルソーが言い出した。そしてこの一般意志、普遍意志を、拒否することはできないと書いている。

この恐ろしい、後のファシズムの思想がヨーロッパ社会（人類の先進地帯）を覆った。このあとのフランス革命で貴族たちの首がチョン切られて、貴族制度を廃止した。その結果、トリクルダウンの法則がなくなった。

貴族たちが、お城を造ったり、豪華な洋服をつくったりして、大変な贅沢《ぜいたく》をすることで、都市市民《シチズン》たちに利益が出た。そして産業資本も生まれていきました。それで都市市民《シトワイヨン》のさらに下にいる人たち（これが庶民、プープル、ピープル）までご飯を食べることができて、貧しい人にまでお金が回った。ちなみに、今の日本の保守派も本心は、このトリクルダウンです。滴垂《しずくだ》れ理論です。

それを廃止しようとルソーが言った。国王や貴族を打ち倒したのだから、その後、誰たちが、何の思想で国家経営をすることになるのか。このときに、ルソーの徴兵（国民皆兵）と強制納税による国家経営の思想が導入された。そのとき、ヨーロッパにファシズムの原型が生まれたのです。

日本では人権と自由思想の旗手のように教えられているルソーこそは、今の国家悪の権《ごん》化《げ》です。

私の弟子の1人が、『ブリタニカ百科事典』（エンサイクロペディア・ブリタリカ）をずっと読んで訳していたら、その中に、「ルソーこそはファシズムの源流である」と書いてあるのを見つけました。1920年代の非常に出来がいい版には書いてあるのです。

トリクルダウンなくして資本主義の発展はあり得ない

佐藤　最近はトリクルダウンを否定するのが流行のようです。しかし長期スパンではトリクルダウンなくして資本主義の発展はありません。副島さんが下宿をしていたころクーラーは付いてましたか？

副島　なかったですね。扇風機だった。その10年後にはありました。

佐藤　私が学生だったころはクーラーが付いていました。それは、1960年代から40年ぐらいかけて、日本にもトリクルダウン効果がやはりあったということですよ。

私が東京拘置所で厄介になっているとき（2002年5月～2003年10月）も、最初の年はクーラーがありませんでした。しかし翌年からは付いてました。

東京拘置所にちゃんとエアコンが付くようになったのも、やはりトリクルダウン効果があったということです。

副島　社会が富を蓄積して公共部門（政府部門）にも分配が生まれたからですね。日本は大不況のままですが、富《とみ》（ウェルス）の蓄積があるので、高速道路や新幹線づくりなどの公共部門だけは建設が続いています。

私は自然な経済成長に任せろ、国家が余計な干渉をするな、という完全な自由放任《レッセフェール》までは主張しないけど、今のような経済成長（エコノミック・グロウス）がないのに、無理やり経済成長をつくり出そうとするインフレ・ターゲット政策（アベノミクス）はダメだ。景気回復を、ジャブジャブマネー（「異次元《いじげん》金融緩和《かんわ》」）と国家統制によって為《な》そうとするのは間違っています。

佐藤　そのとおりだと思いますよ。マルクス経済学の用語を使えば、そんなことをやっても資本が過剰になるだけです。どこに持っていっても儲からない。

副島　資本の過剰というのはバブルのことですね。土地やらブランド品やらが高騰して健全な価値を生むことなく破裂してしまう。そして再び大不況に陥る。日本人はバブルとその崩壊を25年前（80年代末）に味わって、今も苦しんでいます。

本当に大事なのは需要《デマンド》をつくり出すことです。供給《サプライ》からまずつくろうという竹中平蔵たちの古典派の理論は、間違いです。

レーニンたちの社会主義がやったことは、まず電力（電気）を全土に通して国民に供給することでした。そして、すべての生活用品が配給制で国民に行き渡るようにした。靴なら靴、洋服なら洋服を生産する巨大な工場が、国家に1つずつあればいいという考えでした。サイズは大、中、小で柄もデザインもいらない。

今なら、ユニクロが国家に1つあればいいといったところでしょう。ユニクロの全部の工場をフル回転すれば、全国民の洋服を作ることもできるでしょう。世界中がそれで間に合う。ところが現実は、需要側がそれを拒否する。

需要（消費）の問題に、初めて本気になったのがジョン・メイナード・ケインズです。有効需要《イフェクティブ・デマンド》をつくり出すことが大事だといったケインズの偉大さが、今の私には身に染みてわかります。

佐藤　ケインズは実際にソビエトへ行っていますからね。奥さんのリディア・ロポコワはロシアのバレリーナでした。だから亡命ロシア人と知り合う機会が多かったのでしょう。それでソビエトの実態がどういうふうになっているのか、よくわかっていたのだと思います。

私は、こんな笑い話みたいな体験をしたことがあります。モスクワの当時の日本大使館に近いところにアルバート通りというのがありました。モスクワの古くからのメインストリートですね。

そこの角にプラーガ（プラハ）というレストランがある。これはお菓子部門が非常に有名なところです。そこにプラハケーキというのがありました。1つは「トルティ・プラガ（プラハ風ケーキ）」という丸いチョコレートケーキです。もう1つは「鳥のミルク」という、四角いメレンゲのケーキです。

あるとき、私の大使館の同僚が結婚するというので「白くて丸いケーキを作ってくれ」と言ったら、「そういうレシピは計画経済の中にない。白いケーキというのは四角いものだ。丸いのは黒いケーキだ」と言われたのです。

それで私は、ものすごいリスクを冒して、賄賂を握らせて、白くて丸いケーキを作らせたのですよ（笑）。

このように、供給サイドだけ考えている社会主義というものに行き着くと、ケーキ1個ですら自由に作れない制度になってしまいます。それどころか、白くて丸いケーキがあるという発想自体が国民からなくなっていくのです。

2つの世界大戦が格差を縮小させた

副島　ケインズ卿は、供給過剰《サープラス》で、過剰生産《サープラス》が発生して、売れなくて、在庫《サープラス》が山ほどたまるという現実と真剣に向き合いました。今の日本では、石油化学コンビナートの世界最新鋭のエチレンプラント（工場）などが過剰設備で、どんどん廃棄処分（工場閉鎖）か、業界の「不況カルテル」で統合されています。この過剰設備もサープラスです。

大恐慌時代のアメリカでは、畑で小麦を燃やしていました。それなのに失業者たちにパンが手に入らなかった。都市の市場が機能しなくて、農産物も野焼きするしかなかった。こうした過剰在庫、サープラスの問題を必死で解こうとしたケインズが偉い。

そこでヒャルマー・シャハト（1877～1970年）というドイツの経済学者が現れて、ナチス・ドイツ政権下で経済相になってケインズ的な政策を実行した。そしてドイツの大不況と失業を解決した。

日本の場合は高橋是清《たかはしこれきよ》（1854～1936年）が現れて、ケインズ的な政策を先取りして実行しました。

ケインズは需要不足の問題を一所懸命に考えました。それで実際に政府主導の巨大な公共事業《パブリックワーク》を実行する理論をつくったことで、需要不足＝大不況を解決した。ところが実際は、世界戦争になったから問題は解決したのです。

佐藤　ピケティの本でも、そこは非常に正確です。彼は、格差が縮まった時期は2回だけあると言っています。それは2度の世界大戦です。

ジョン・メイナード・ケインズ
（1883〜1946年）

副島　本当にそうですね（笑）。

佐藤　そこはそうなのですよ。確かにそういうものなのですね。戦争によって破壊とイノベーションが交代しながら起きるのですからね。

副島　そうです。戦争の準備のために巨大な有効需要が生まれた。軍需産業はフル操業です。軍事ケインズ主義（ミリタリスティック・ケインジアニズム）というのが出てきて、「軍需産業を活性化させて国内の需要を喚起することで不況から脱出して国家は生き延びる」ということになった。5年に1度は戦争をしないとアメリカ経済は保《も》たない。

だけどケインズにしてみれば、いい迷惑で、彼は「平和の配当」と言ったのであって、「戦争の配当」とは言ったことは一度もない。

ケインズは非常に優れた人物で、何とか貧しい人たちを食べさせなければいけないと考えていました。そのかわり「レント・シーカー」rent seekers と呼ばれる、家賃《レント》や地代《レント》や金利や配当だけで生きている人々をものすごく嫌った。そして本当に生産活動をしている産業資本家（＝企業家）を重要視した。

産業資本家と労働者を大事にするということですね。生産している人間たちを大事にするという考え方です。

当時のイギリス（20世紀はじめ）には、大英帝国が世界中から集めた富が蓄積されていた。だから働かないでも家賃（レント）や年金だけで生きてゆける金持ちの不労所得者層が分厚く存在しました。

この人々をケインズは軽蔑していました。レント・シーカーこそはまさしく不労所得者です。日本語の訳語でもそうなる。ただし、生き生きとした産業資本家だった祖父や父の子どもの世代が、どうしてもレント・シーカーになってしまいます。

最後は若者たちが余剰となって捨てられる

副島　需要の不足から生まれる surplus《サープラス》 こそが、人類の最後の大問題だとわかったジョン・メイナード・ケインズは本気で悩みました。過剰《サープラス》生産と過剰《サープラス》在庫で、モノが溢《あふ》れかえって、最後は人間が余剰《サープラス》になってしまった。職につけなくて失業する若者たち自身が余剰なのです。

このことは歴史（学）からも解明されます。都市で余ってしまった若者たちを、社会福祉政策として、あるいは犯罪対策として、兵隊にして戦場に連れていきました。「古来征《こらいせい》戦幾人《せんいくたり》か帰る」です。
清朝（大清帝国）の世界最大図版《とはん》をつくった康熙帝《こうきてい》と乾隆帝《けんりゅうてい》は、北方のモンゴル系の大部族であるオイラート（ジュンガル部《ぶ》）を叩き潰すために遠征して、砂漠に50万人、100万人の若者たちを連れていきました。そしてほとんど帰ってきませんでした。これは社会治安対策なのですよ。

佐藤 今もまたそうですよ。「ユースバルジ」Youth Bulge（注：人口構成において若者の割合が突出して多い状態）といって、子どもに3人以上男の子がいると、だいたいトラブルのもとになるという話です。

副島 限嗣《げんし》しなければいけない。分け与える土地がないから、長子相続にして、限嗣相続制（注：子供1人だけに財産を相続させる制度）にしなければいけなかった。

佐藤 そうなると、1人の面倒を見られても、2人目以降になると見られませんので、犯罪者になるか、マフィアになるしかありません。

副島 次男坊以下は相続権なしで、いわゆる部屋住みで、家にベタッとくっ付いて生きていく。ヨーロッパの国王たちが苦しんだのも、この人口余剰の問題です。
都市の治安対策で、パンを盗んだとか、たったそれぐらいのことで、都市に農村から流れ込んできた貧乏人たちを、コンヴィクトconvict（囚人）ということにして、「パディワゴン」と呼ばれる、鉄格子のついた荷馬車に乗せて、船に積み込んで、オーストラリアとか北アメリカの当時の植民地に捨てに行ったわけです。

パディとは、セイント・パトリックの聖パトリックのことです。聖パトリックが5世紀に初めてアイルランドをキリスト教化しました。このパトリックの略称がパディPaddyで、アイルランド人（アイリッシュ）の蔑称です。だからパディ・ワゴンとは、現在でも使われる英語で、暴動鎮圧用に機動隊が持っている、逮捕者をポンポン投げ込む護送車のことです。

王様たちは、余剰の人間を新大陸に捨てに行った。それがアメリカの建国です。それをわざと、ピルグリム・ファザーズによるプリマス植民地建設（1620年）のきれいごとの建国の神話にしている。私はこういう真実をずっと暴いてきました。

この点、オーストラリア人はウソをつかない。「自分たちはコンヴィクト（囚人）の子孫だ」とはっきり言います。しかし現代は新大陸というフロンティアがなくなってしまいました。

佐藤　でもそうした余剰の受け皿が今できつつありますよ。あのイスラム国です（笑）。イスラム国が受け皿になってくれます。

副島　イスラム国は今は5万人から10万人が限度でしょう。

佐藤　でも爆発的に膨れてくるのではないでしょうか。

マネタリストと合理的予測派の倒錯

「A＝BはB＝Aになる」という大ウソ

副島　ケインズは、この余剰《サープラス》（人間たちの失業）の問題に対処するのに、穴を掘って、そこに、刷り散らしたお札と国債を敷いて、余剰になった商品も投げ込んで、さらにその上にピラミッドをつくれと言いました。そういう巨大な公共事業をやるべきだと言いました。これ以上の対策は言わなかった。

そのあと、このケインズ政策でも効き目がなくなって、１９６０年代からケインズ革命に対する反革命が起きた。それがミルトン・フリードマンたちシカゴ派によるマネタリスト（景気対策はお札を刷れ、の一点張り）の出現です。

それから１９７０年代には、ロバート・ルーカスによる合理的期待（予測）派（ラショナル・イクスペクテイション・スクール）の政策が実行されました。マネタリストも合理的予測派も古典派《クラシカル》と呼ばれる経済学者たちの勢力であり、ケインジアン（ケインズ主義者）との論争、激突がアメリカでずっと続きました。

アメリカの経済学界（学者たちの世界）は「もはや政府の経済政策《エコノミックポリシー》では経済成長をつくることはできない」と敗北宣言を出したらしい。「万策尽き果てた」というのが正直なところでしょう。２００７年のサブプライム・ローン危機、２００８年のリーマン・ショックという、本当は巨大な金融危機（ファイナンシャル・クライシス）で、アメリカの大銀行、生命保険会社、投資銀行のほとんどはあのとき倒産したのです。

経済学者のケネス・ロゴフとカーメン・ラインハート女史が、「金融危機は繰り返し起きる」という『国家は破綻する』（日経ＢＰ社刊）という内幕本を書いて正直に暴露した。私は、このときにピンときました。

この金融危機に対処して、アメリカの世界覇権を守るために、何をやったか。それがインフレーション・ターゲティング理論、あるいはインフレ目標政策です。前述した合理的期待（予測）派はここで逆転の発想をした。

正常な経済学の考えからすれば、Ａ＝Ｂなのです。Ａ（経済成長があるから）→Ｂ（景気対策をする）なのです。Ａで加熱した景気をＢで抑える。「ＡがあるからＢ」なのです。

ところがあいつらは「ＢがあるからＡ」という理屈にすり替えました。「Ａ＝Ｂなのだから、Ｂ＝Ａにしてもいい」という考えです。

伊藤隆敏がアメリカで教え込まれた理論が、ロバート・ルーカスの合理的期待形成仮説で、A＝Bだった式を、B＝Aという式に変質させた。それをコンピュータ数学のシミュレーション（確率微分方程式を使う）でモデリングした。

佐藤　しかし、逆は真ならず、です。

副島　そのとおり。ケインズは、真っ当に「成長があるから加熱した経済になる。それはインフレを起こす」と見抜きました。

「だから中央銀行が激しいインフレを阻止するために、金利を上げる。あるいは過剰な資金（資本）を市場から奪い取る」という考えで、景気を調節するという手法を編み出しました。これ以上の国家を経営する思想はない。今もない。

中央銀行（日銀や米ＦＲＢやヨーロッパのＥＣＢなど）の役割は、インフレを警戒し対策を取ることです。ところが、今のアメリカはどうしていいかわからなくなって、「B＝A」をやっている。

無理やり株をつり上げたり、むりやりマネーの量の供給を増やす。これを量的緩和《イージング・マネー》という。それで適度なインフレが生じて、デフレ（不況）を脱出して景気が回復する、と考えて実行している。それが今の「B＝A」ですよ。

佐藤　実体経済が改善すれば株価は上昇しますが、株価が上昇しても実体経済が改善する担保はどこにもありません。「A＝Bだから、B＝Aが成り立つ」という保証はどこにもないのです。

マネーサプライを大胆な金融緩和によって飛躍的に増加させても、産業構造が変わらない限り、国外に流出するか、国内では株と土地という「擬制資本」のみが投資の対象となる。これがマルクスの『資本論』を敷衍《ふえん》することによって導き出せる結論です。

伊藤隆敏がインフレ・ターゲット理論の日本代表

副島　そのとおりです。この「A＝Bを、B＝Aにする」という理論の日本における代表が伊藤隆敏（経済学者。64歳）です。

佐藤　東京大学の先生だった人ですね。

副島　そうです。一橋大学の教授から、東京大学の教授になりました。今は政策研究大学院大学にいる。伊藤隆敏は、IMFの研究員とか日本財務省の研究員もやっていました。彼は東大紛争で試験がなかったときの一橋大学入学で、竹中平蔵と同期です。

竹中平蔵は人の論文を泥棒するような悪い男で、質《たち》が悪いのですが、伊藤隆敏はエリートコースをずっと歩んだ男です。ハーヴァード大学でケネス・アロー（経済学者）に習いました。アローの甥のローレンス・サマーズ（クリントン政権時の財務長官。経済学者）と同級生です。

伊藤隆敏が日本人では初めて、インフレ・ターゲット（年率2％のインフレを目標値にする）政策を唱導した。つまりA＝Bなのだから、B＝Aとやってもいい、とするねじ曲げ理論の日本への導入者です。

株と都心の地価をガンガン上げれば資産《アセット》インフレ（＝資産《アセット》バブル）が起きて景気がよくなるという理屈です。

佐藤　インフレ・ターゲットも一緒ですね。

副島　そうです。伊藤隆敏は「インフレーション・ターゲティング理論をつくったのは俺だ」と言っています。日経新聞夕刊の連載に書いてありました（「人間発見」２０１４年12月15〜19日付）。彼は、アメリカのメッセンジャーボーイです。

日銀総裁の黒田東彦《くろだはるひこ》が財務官だったとき、伊藤隆敏は副財務官でした。黒田はそのころはインフレ・ターゲッティングを非常に嫌がったのです。１９９９年10月ですから、もう15年も前の話です。

佐藤　伊藤さんが宗旨替えをさせたのですね。

副島　そうです。黒田東彦という人は人格的には立派な人で、悪いことは何もしない人だと私は思っています。だから私は、黒田が日銀総裁になって異次元緩和をしたときに、「ああ、この人は、山本五十六と一緒だな」と思いました。

この人はきちんと責任を取るだろうな、と今でも思っていますよ。立派な人間だったら、〝腹を切る（クビを括《くく》る）〟しかないですよ。

佐藤　インフレを止めるためにあったインフレ・ターゲットを、今度はインフレを起こすために使っているということですね。

副島　そうです。逆のロジックを使ったのです。だからB＝Aということですね。そして、それを今、日本に導入しているわけです。ニューヨークの株式の高騰（急上昇）と東京の株価のつり上げはきれいに連動しています。

佐藤　安倍首相は、「おい、経団連会長、ちょっと来い。労働者の賃金を上げろ」と賃金を上げさせました。連合が賃上げを言っていないのに、首相自らが、「内部留保があるんだから払え」と上げさせた。これはファシズムの賃金論です。

景気がよくなったから賃金が上がるのではなく、賃金を上げれば景気がよくなるという理屈です。これも「A＝Bを、B＝Aにする」ということですね。

少し突き放して、廣松渉《ひろまつわたる》の物象化論のように、「A＝Bだから、B＝Aが成り立つ」という信仰で、みんなが動くかどうかです。

今のところ、愚かなことに、株を持っていない人たちまで株価が上がると喜んでいます。

副島　日本では５％ぐらいの人しか株をやっていません。アメリカでは60％の国民がやっています。この人たちが住宅ローンを抱えていて、株式を銀行に担保として入れたりしていますから、株価が下がるとアメリカは本当に困ってしまう。だから人為的に政府の力で、株価をつり上げ続けるのです。果たしてこれがいつまで続くか、です。

金融財政政策だけでは問題は解決しない

副島　私は、自分の本で、官製《かんせい》相場だと断じました。私が使い始めたこの官製相場というコトバがあちこちに広まって使われています。私は『官製相場の暴落が始まる』（２０１４年　祥伝社刊）という本で、「相場操縦罪で安倍晋三以下を逮捕せよ」と書きました。

佐藤　お巡りが泥棒しているときには、お巡りを捕まえないのと同じですね。

副島　彼らは権力者ですから、雲の上の人たちだから警察や検察庁が手を出すのが恐れ多くて、捕まえないという理屈になるようですね。英語では「アバブ・ザ・ラー」Above the Law といいます。

佐藤　数学上の特異点みたいなものですね。

副島　そういう感じです。

佐藤　やはりマルクス経済学をきちんとやっている人は、アメリカでも非常に少なくなってしまったのが問題ですね。日本の官僚たちにもマルクスに関する知識がなくなりました。

つまり、学生時代にマルクス経済学を学ばない人たちが官僚になるようになった。すると官僚の発想や行動に大きな穴が開くことになりました。『資本論』を学んでいないから、資本主義の限界がわからないし、金融財政政策ですべてがコントロールできると思いこんでしまう。

ところが、資本が過剰になってしまえば、そんなことをいくらやっても、問題は全然解決しないというのがわからないわけですよね。

副島　彼らは自分たちの弥縫《びほう》策（ボロボロの対策）を言われたくないのでしょう。自分たちの無能を認めたくない。虚勢を張ってでも自分たちのインフレターゲット政策は正しい、と信じ込んでいる。「目標値2％のインフレをつくる」というのが政府の目標だなんて、普通の国民にはワケがわからない。政府のほうが狂っている。

この伝道者《プロパガンディスト》の1人の爺さん（浜田宏一《はまだこういち》。イエール大学教授）は、「ノーベル経済学賞を受賞した一流のアメリカ経済学者たちが正しいと言っている。だから正しい政策だ」という自己弁護をしています。それ以外の説明、説得をしようとしません。

ビッグバン説と同じです。宇宙のビッグバンによる発生は、数学的に証明されているそうです。だけれども、実験と観測による証拠は何一つないそうです。ただ、数学（虚数を使った数式の山）的にだけ証明されている。まさしく特異点（シンキュラー・ポイント）という〝神の座〟ですね。

天文学者たちは、宇宙膨張説《ビッグバン》を観測結果から認めていない。まったく証明されていないのだそうです。それと同じことですね。

だから彼らは前人未到と言っています。前人未到は unprecedent（アンプレシーデント）と言います。あるいは、非伝統的手法 untraditional（アントラディショナル）とか呼んでいます。今のジャブジャブ・マネー政策を居直って推進しています。この者たちが、マネーの大爆発（ドル覇権の崩壊）で茫然自失《ぼうぜんじしつ》となるのを、私は楽しみに待っています。

ケインズを裏切ったケインジアンたち

佐藤　アメリカ経済学のステータスがこんなに高くなったのは、いつごろからでしょうか。

副島　ノーベル経済学賞と言ったって、ほんの1969年に始まったのですよ。

佐藤　1960年代、70年代まで、経済学というのは、頭の悪いやつがやるという感じでした。

副島　そうです。アメリカでもエリートはみな法学部へ行って裁判官や弁護士になります。高校時代にラテン語の授業で秀才でなければならなかった。

佐藤　教科書はポール・サミュエルソン（１９１５〜２００９年）の『経済学』しかありませんでしたね。

　私は、学生時代の１９８０年代前半、近代経済学を勉強しました。外交官試験に合格するためにです。当時の教科書はケインズ主義を基調にする新古典派総合の立場から書かれていました。しかし、徐々にマネタリズムやサプライサイド・エコノミクスが入ってきていました。だから私は、教科書に書かれていない部分の知識については、経済誌や学会誌で補強しました。

　マルクス経済学については、私は、大学1年生のときから講義を聴くとともに、著名なマルクス経済学者が京都で講演するときも極力、足を運ぶようにしました。そして勉強会をつくって、一所懸命に勉強しました。その結果、マルクス経済学（特に宇《う》野《の》弘蔵《こうぞう》氏の「科学としての経済学」の立場を取る経済学）から強い影響を受けました。

　マルクス経済学の立場からすると、近代経済学は一種の宗教（イデオロギー）なのです。「マネー」、「期待」、「株式」などの内在的論理を詰めないで、現象だけを見て、大騒ぎをしている。それが近代経済学の特徴です。

アベノミクスは経済の改善を株価上昇で見ています。この一点をとってみても、マルクス経済学からすれば、滑稽《こっけい》な宗教なのです。

副島 今、お話に出たサミュエルソンの『経済学』が、ケインズの理論を、需要関数、供給関数の関数式に置き換えて、一般均衡モデルとしてキレイに説明した。それがうまくできたものだから、サミュエルソンはエコノミクス（経済学）の大成者のようにいわれていました。

ところが、ケインズ自身は自分の思想は一般均衡などしない、と考えていた。不均衡論（だから失業がどうしても起きる）だとケインズは言っているのに、あとの人たちが勝手に均衡モデルに変えてしまった。私はジョン・ヒックス（1904〜1989年）もサミュエルソンもおかしい、と思っています。ビッグバン理論と同じです。

そのあとは、もう何もないのです。それなのに、自分たちのことをニューケインジアン（新ケインズ経済学）だと言っている。私からすれば、ケインズ思想の裏切り者たちだ。その最たる人物がポール・クルーグマンです。

フリードマンにまだしがみついている日本の経済政策

副島　フリードリヒ・ハイエク（１８９９～１９９２年）の弟子であったシカゴ学派のミルトン・フリードマン（１９１２～２００６年）がきわめて悪質な男でした。ハイエク自身がフリードマンを「お前は私の弟子ではない」と叱って喧嘩《けんか》しています。ハイエクはリバータリアニズムの源流の１人とされます。しかしどうも怪しい、と最近私は思います。

　フリードマンは、戦争が始まる１９４０年ぐらいから財務省のプランニング・エージェンシー（政策企画局）に入って、累進所得税とかをつくりました。彼は政府の干渉を嫌う、自由放任の市場経済重視を唱えているように思われてきた（「小さな政府論」）。ところがこの男が実際にやってきたことは、非常におかしい。裏のある恐ろしい人だ。

　ミルトン・フリードマンが、ケインズとずっと闘ったということになっています。だが、フリードマン型マネタリストの「マネーの供給で不況は解決する」という政策の大失敗と敗北は、はっきりしてきています。

　それなのに、今も日本の経済政策は、フリードマンと合理的予測《ラショナル・イクスペクテイション》派のマネー刷り散らしの政策に、まだしがみついています。

佐藤　日本のエコノミストたちは、大した金持ちでもないくせに、自分たちにとって悲劇でしかない新自由主義を礼賛しますね。

副島　新自由主義はネオリベと呼ばれています。ネオ・リベラリズムを略してネオリベです。日本では小泉政権（2001～2006年）のときの竹中平蔵の強引な郵政民営化（アメリカによる郵貯・かんぽの奪い取り）のことを指して、皆で糾弾するときに使ったコトバです。

しかしネオリベというコトバは意味不明でして、誰の思想（主義）を指しているのか私にはわかりません。

ハイエクが自分の思想を「ニュー・リベラリズム」と呼んだ。ところがこれにはクラシカル・リベラリズム（古典的自由主義）の意味が入っている。ハイエクはモダン・リベラリズムを嫌いました。

モダン・リベラルというのが、実は貧困者救済、人権重視の社会主義的人々のことです。ハイエクはこれに反対して、ニュー・リベラルを名乗りました。これにイギリスのマーガレット・サッチャー首相（鉄の女）が共感して、イギリスで貧乏人いじめの〝私有化〟（プライヴェタイゼーション　✖民営化は間違いの訳語）を推し進めた。このコトバを指して、ネオ・リベラリズムと呼んで、モダン・リベラル派（左翼）が叩いた。このときにネオリベが盛んに使われました。

ポール・クルーグマンもフリードマン（新《ネオ》自由主義と言っていいのだろう）に反対するケインジアンです。彼はイエール大学でケインズを学んだケインジアンなのだけど、ケインジアンの裏切り者です。

クルーグマンは日本の小泉政権や今の安倍政権の政策を支持しています。金融緩和《イージング・マネー》をいくらやってもいい。インフレが起きなければ、という助言をしています。

今のＦＲＢ《エフアールビー》（アメリカの中央銀行）議長のジャネット・イエレンとその亭主のジョージ・アカロフ（２００１年にノーベル経済学賞受賞）もケインジアンのふりをして、労働者の味方で、失業率を下げることに命懸けになっているように見せている。

アメリカの失業率は、公表では５・５％を割っている。しかし本当は17％あります。本当の本当は、25％ぐらいあるでしょう。白人のホワイトカラー（事務職）の失業率が高い。

もはや市場原理主義など通用しない

副島　ルートヴィヒ・フォン・ミーゼス（１８８１～１９７３年）とハイエクがアメリカでオーストリア学派を名乗ってきた。小さな勢力ですが、ジェームズ・ブキャナン（１９１

9〜2013年）というノーベル賞をもらった学者もいます。

彼らは市場原理主義者だとされ、徹底した市場の尊重者です。政府が市場に余計な干渉をするな、という考えの人たちです。大不況になっても放っておくしかない。高熱が収まるまでじっと寝かしておくしかない、という「無策が最上」という学者たちです。この立場も一理あります。

ただ私は、この人たちの考えでは弱いと思う。今は、金融市場が大きく政府に操られている時代です。まさしくアメリカも日本もヨーロッパも、株価も債券（国債）も為替も値段を徹底的に操られ統制されています。

特に金《きん》の値段はひどく人工的に低く抑えられています。〝裸の空売り《からうり》〟naked short selling（ネイキッド・ショート・セリング）と言います。金《きん》の値段は、FRBまでグルになって、ゴールドマン・サックスなどが暴落させています。金地金《きんじがね》の担保もないのに、即ち、裸（ネイキッド）でゴールドマンたちにFRBが貸し出して、彼らに空売り（ショート・セリング）をさせています。

佐藤　特に金《きん》の動きはここのところおかしいですね。

副島　そうです。ドルを守るために金《きん》を徹底的に暴落させます。私が2年前に〝金《きん》殺し〟という新しいコトバを使い始めました。紙切れになりつつある、世界的にジャブジャブのドル紙幣の信用を維持しようとして、金《きん》を痛めつけることを続けている。

こんなヘンな時代に市場万能とか市場原理主義など通用しない。もう政府が、市場そのものを牢屋に入れて、価格を統制するのですから。

ということは、ミーゼスやハイエクのオーストリア学派系でも闘えない。

ケインズの裏切り者たちは、「非伝統的」とか「非正統的」とかいう言葉を、自分たち自身に向かって使っています。この非正統的とは、イレジティメット illegitimate ということです。非嫡出《ひちゃくしゅつ》の私生児とか、父《てて》なし子の、という意味です。

彼らはこんなコトバまで自分たちで認めて異様な政策をやっている。いつブッ壊れてもおかしくない。

これこそは、彼らがケインズ先生の思想を裏切っていることの証明です。彼らの多くはマネタリスト、あるいは合理的予測派（ロバート・ルーカス）に堕ちました。竹中平蔵も合理的予測派です。

不況時は次の需要が起きるまで放っておくしかない

副島　何度でも繰り返しますが、ケインズの偉大さは、デマンド（需要）が大切だといったことです。モノを買いたいという人々の気持ち、購買欲求がなければ、いくら供給してもダメです。

佐藤　今のドグマは「セイの法則」に戻っているのですね。ジャン＝パティスト・セイ（1767〜1832年）がつくった理屈です。セイは「供給はそれ自身の需要を創造する」と言って、「供給を増やせば需要も増える」と主張しました。

副島　そう。「つくった商品は必ず市場で売れる」というドグマですね。そんなことはない、とケインズがこのセイの法則をひっくり返した。商品は売れ残るし、失業は避けられない。

ケインズが『一般理論』を出版したのは1936年です。1929年から大恐慌、世界恐慌が起きて、6年目でした。大事なのは需要《デマンド》であって、国民の需要を喚起する以外に手はないのだと言い切ったケインズが、私は今でも偉大だと思います。

Y（国民所得）＝C＋Iですから、C（消費的需要）の他のもう1つのI《インベストメント》（投資）のことを、生産的需要と言うのです。企業家たちが商品が売れそうだから工場をつくるゾ、とかお店を出すゾ、という気にならなければ景気は回復しません。

今の米・欧・日の政府のやり方では、ますます財布のヒモは堅くなって誰もおカネ《フェティシズム》（現金）を使おうとする人はいません。みんな迫り来る大恐慌におびえています。

だからイエレンやクルーグマンも、腹の底では、ケインズを裏切って合理的予測派に改宗した自分が恥ずかしいのですよ。

彼らがやっていることはただ「A＝Bを、B＝Aにして不況から脱出したい」という手です。意志の力で流れ（トレンド）を変えようとしている。

佐藤　それは昔、小室直樹《こむろなおき》先生が言っていた念力主義ですよ。主観的な願望で客観情勢が変わるというわけですから、一種の念力主義です。

副島　ケインズは、大恐慌に陥ったら、次の需要が起きるまで、放っておくしかないと言っていたようです。

ヨーゼフ・シュンペーター（1883～1950年）も放っておくしかないと言った。回復するまで放っておくしかない。

だから今はじっと身構えて自分の生活を守るしかない。手持ちの現金を握りしめているのがいちばんいい。銀行預金さえ危ない。

佐藤　いちばん怖いのは、やはりピケティを引っ張ってきて、国家機能によって資本税を設けるとか、強度の累進課税制の相続税を行なおうとしていることです。ピケティが言っているのは、国家の話です。国家機能を強化しろということですからね。

現代のサラリーマンたちはほとんど五公五民になっている

佐藤　だいたい左翼の連中がピケティを礼賛しているというのが異常です。「あなたたちはファシズムをやりたいのですか」という話です。

副島　私と佐藤さんで一所懸命、資本税（財産税）に反対を唱え、『21世紀の資本』の結論部分に対して警告を発しておかないと、おかしなことになる。

佐藤　裏で、国税庁と財務省がピケティを煽《あお》っているのではないかと勘ぐりたくなります。アベノミクスとだって、整合性を持たせるでしょう。どういうことかというと、アベノミクスではもううまくいかない、と。そうしたら「逃がせ、隠せ、個人資産」の話です。

ピケティ・モデルで資本税をやった場合には、10億円とか20億円を持っている富裕層は海外へ逃げてしまうでしょう。

副島　必ず逃げますすね。

佐藤　5億円ぐらいまでの人は逃げられませんから、日本にいて税金を取られるわけです。副島さんの予想どおりになるわけですよ。

副島　もう100億円か1000億円クラスの富裕層は逃げていますよ。そしてサラリーマンにもさらに税金がかかってくる。今は年金掛け金や健康保険料も入れれば（国民負担率という）、ほとんど収入の5割が税金です。年金・保険も実質は税金ですから。税金が5割で、もうそれ以上払えなくなるところまで来ているのに、さらに払えという話になる。

佐藤　五公五民《ごこうごみん》といったら江戸時代でも相当大変な話です。六公四民《ろくこうしみん》など聞いたこともないですからね。

副島　そうです。六公四民なんかやったら百姓は本当に死んでしまう。北条早雲《ほうじょうそううん》は沼津を治めたときに、四公六民《しこうろくみん》（大減税）をやって民衆に大変、評判がよかった。

大企業と富裕層にもっと課税すべきだ、それを福祉に回せ、という理屈は日本共産党そのものだ。トヨタたち輸出大企業はよその国で裁判とか労働争議をいっぱい抱えながらも、必死で利益を上げている。そのすごさを抜きに、大企業と金持ちに課税強化をしたら、日本の文化・教養・芸術がますます滅んでしまう。

佐藤　それはそうですね。

副島　福祉のために金持ちと大企業からもっと税金を取れ、とアメリカの民主党左派も言います。クルーグマンも平気でこういうことを言う。

佐藤　今のロシアは13％フラット制です。国は何の面倒も見てくれません。それで別に誰も困ってないですから。

副島　ロシアは完全なフラット課税《タックス》なのですか？　それは素晴らしいですね。どんな金持ちも、ふつうの労働者も13％だけ税金をとられればそれでおしまい、というのはすごいことですね。

佐藤　フラット課税ですが、その代わり、税金を払わないと、機関銃を持った税務警察が来ます。だから脱税は厳しく取り締まります。フラット課税だから逆進性が非常に高い。でもそれでいいとロシア国民は思っているようです。

副島　逆進性《ぎゃくしんせい》というのは金持ちほど税金が安い、ということですね。

富裕層への資本税（資産税）を設けても、どうせ彼らは上手に逃げます。だから資本税はダメなのです。

佐藤　富裕層も国家に言われて分配するのではなくて、自発的に分配しないといけない。やはり儲ける側にも品性が必要でしょう。趣味は貯金、楽しみは利子みたいな人間になってはいけませんね。ピケティが言うような、資本税で、国家によって分配してもらうようではいけません。

富裕層は資本主義体制のエリートなのですから、この体制を生き残らせ、自分も生き延びるためには、自発的に資産を社会に還元する必要があることを自覚、実践しなくてはなりません。

おわりに——反知性主義に陥る日本に怒る

佐藤優氏と私の対談本は、これで3冊目である。前の2冊は『暴走する国家 恐慌化する世界』（2008年 日本文芸社刊）と『小沢革命政権で日本を救え』（2010年 日本文芸社刊）だった。

この本は、日本がさらに追いつめられ、国民生活が逼迫《ひっぱく》してゆく中で2人の真剣な対談となった。

佐藤優氏は、外務省の国家情報官（インテリジェンス・オフィサー）として極めて優秀な頭脳であった。今回も、私は彼と話していて、彼の発言を受けて即座に反応するべきを、自分のコトバがもどかしく、不正確であることにイヤというほど気づかされた。

編集部によってまとめられゲラ（galley proofs《ガリー・プルーフ》）になった下《した》原稿に編集者と一緒に、添削の赤ペン入れを入れる段になって、私は本当に大量の訂正の筆を加えた。この作業を終えるのに丸5日かかった。

それに対して佐藤氏の話した部分（意見表明）は、極めて簡潔にして要を得て端正《たんせい》であった。即座に情勢を把握し、問題点を見抜き、自分の考え（対処する判断）を短く話している。

ああ、この人はもともとの地頭《じあたま》がいいんだ、とわかった。

佐藤氏は外務省という国家組織の中で揉《も》まれて情報官としての経験と訓練を20年間積んでいる。

佐藤優氏の知識の領域における〝全方位外交〟はつとに有名である。日本国内の右（保守）から左（リベラル）までのあらゆる勢力に対して、いつも開かれた態度でいる。この点を私は真剣に見習わなければいけない。でも、もう遅いかな。

私はあまりに敵と味方をはっきりさせる言論と思想表明をやってきた。このことが私自身の「言論の場」を狭めてきた。敵をつくり過ぎた人は生き残れない。誰に対しても、幅広く大きくゆったりと話しかける佐藤優の態度に学ぶべきだ。

私が佐藤優をホメ上げるために、この対談本がつくられたわけではない。日本の、迫り来る目下の重要な諸課題に真剣に対処するために、私たちはどのように考え、どのように準備をし（備《そな》え）、行動したらいいのか、の指針を示そうとして、この本はつくられた。

どうも世界基準《ワールド・ヴァリューズ》から見て、日本国民の思考（力）の劣化はヒドいようである。この30年間ぐらいで、ずいぶんと知能、知識の水準が落ちた。人々がわざわざ難しそうな本を（買って）読むことをしなくなった、と嘆《なげ》く言葉ならよく聞く。

日本人は政治問題をきちんと議論することができない。政治思想《ポリティカル・ソート》を考え、学び合う国民慣習《ナショナル・カスタム》を計画的に打ち壊され壊滅させられた惨《みじ》めな国民である。今の日本人はパーである。

これを指して、佐藤優がいち早く反知性主義《はんちせいしゅぎ》と名付けた。私もこの考えに賛同する。その理由と責任は、今の日本人の政治権力（政権）を握っている者たちの知脳の低さにある。彼らは明らかに右翼《ライトウィング》である。そのために国民教育における知識教育の劣化が激しく見られる。

この無惨な現実に対して、私と佐藤優は強い危機感を抱いている、などというものではない。怒っている。

今の日本の知識人を代表する2人が（と書いたら威張りすぎか？）この現状に厳しく切りか

かる。
最後に。この本が出来上がるまでには、日本文芸社書籍編集部の水波康編集長と、グラマラス・ヒッピーズの山根裕之氏のいつもながらの強力な下支えがあった。対談者2人を代表して感謝の気持ちを表します。

2015年4月

副島隆彦

[著者紹介]

副島隆彦（そえじま　たかひこ）

評論家。副島国家戦略研究所（SNSI）主宰。1953年、福岡市生まれ。早稲田大学法学部卒業。外資系銀行員、予備校講師、常葉学園大学教授等を歴任。政治思想、金融・経済、歴史、社会時事評論などさまざまな分野で真実を暴く。「日本属国論」とアメリカ政治研究を柱に、日本が採るべき自立の国家戦略を提起、精力的に執筆・講演活動を続けている。鋭い洞察とタブーを恐れない歯に衣着せぬ発言で人気を誇る。主な著書に、『属国・日本論』（五月書房）、『世界覇権国アメリカを動かす政治家と知識人たち』（講談社＋α文庫）、『「熱狂なき株高」で踊らされる日本』（徳間書店）、『日本に恐ろしい大きな戦争《ラージ・ウォー》が迫り来る』（講談社）、『余剰の時代』（KKベストセラーズ）、『最新改訂版　世界権力者　人物図鑑』『ロスチャイルド200年の栄光と挫折』『アメリカ帝国の滅亡を予言する』『仕組まれた昭和史』（以上、日本文芸社）などがある。

●ホームページ「副島隆彦の学問道場」　http://www.snsi.jp/

佐藤　優（さとう　まさる）

作家、元外務省主任分析官。1960年、東京都生まれ。同志社大学神学部卒業。同大学大学院神学研究科修了後、1985年、外務省入省。在英日本国大使館、在ロシア連邦日本国大使館勤務を経て、外務本省国際情報局主任分析官として、対ロシア外交の最前線で活躍。2002年、背任と偽計業務妨害容疑の「国策捜査」で逮捕され、東京拘置所に512日間勾留される。2009年、最高裁で上告棄却、有罪が確定し、外務省職員を失職。圧倒的な知識と経験を活かし、日本言論界の雄として多方面で活躍中。主な著書に、ベストセラーとなった『国家の罠』、『自壊する帝国』（以上、新潮社）、『創価学会と平和主義』（朝日新書）、『世界史の極意』（NHK出版新書）、『読書の技法』（東洋経済新報社）、池上彰氏との共著に、『新・戦争論』（文春新書）、『希望の資本論』（朝日新聞出版）、副島隆彦氏との共著に、『暴走する国家　恐慌化する世界』、『小沢革命政権で日本を救え』（以上、日本文芸社）などがある。

[制作スタッフ]

カバーデザイン／萩原弦一郎（デジカル）
本文デザイン／玉造能之（デジカル）
図表作成／高橋未香
編集協力・構成／山根裕之（グラマラス・ヒッピーズ）
写真／天野憲二（日本文芸社）、アフロ、Getty Images

崩《くず》れゆく世界《せかい》 生《い》き延《の》びる知恵《ちえ》

2015年6月10日　第1刷発行
2015年7月1日　第4刷発行

著者
副島隆彦
佐藤　優

発行者
中村　誠

DTP
株式会社キャップス

印刷所
誠宏印刷株式会社

製本所
大口製本印刷株式会社

発行所
株式会社日本文芸社
〒101-8407 東京都千代田区神田神保町1-7
TEL.03-3294-8931[営業], 03-3294-8920[編集]

*

Printed in Japan　ISBN978-4-537-26115-8
112150515-112150616Ⓝ04
編集担当・水波 康

URL　http://www.nihonbungeisha.co.jp/